历代经典碑帖实用教程丛书

曹全碑

陆有珠　主编

广西美术出版社

图书在版编目（CIP）数据

曹全碑 / 陆有珠主编 . -- 南宁 : 广西美术出版社，
2024.3
（历代经典碑帖实用教程丛书）
ISBN 978-7-5494-2762-8

Ⅰ . ①曹… Ⅱ . ①陆… Ⅲ . ①隶书—书法—教材
Ⅳ . ① J292.113.2

中国国家版本馆 CIP 数据核字（2024）第 023906 号

历代经典碑帖实用教程丛书
LIDAI JINGDIAN BEITIE SHIYONG JIAOCHENG CONGSHU

曹全碑
CAO QUAN BEI

主　　编：陆有珠
本册编者：禤达广
出 版 人：陈　明
终　　审：谢　冬
责任编辑：白　桦
助理编辑：龙　力
装帧设计：苏　巍
责任校对：卢启媚　韦晴媛　梁冬梅
审　　读：陈小英
出版发行：广西美术出版社
地　　址：广西南宁市望园路 9 号（邮编：530023）
网　　址：www.gxmscbs.com
印　　制：广西壮族自治区地质印刷厂
开　　本：889 mm × 1194 mm　1/16
印　　张：8
字　　数：80 千
出版日期：2024 年 5 月第 1 版第 1 次印刷
书　　号：ISBN 978-7-5494-2762-8
定　　价：37.00 元

前　言

　　中国书法是中华民族传统文化的明珠，这门古老的书写艺术宏大精深而又源远流长。几千年来，从甲骨文、钟鼎文演变而成篆隶楷行草五大书体。它经历了殷周的筚路蓝缕、秦汉的悲凉高古、魏晋的慷慨雅逸、隋唐的繁荣鼎盛、宋元的禅意空灵、明清的复古求新。改革开放以来兴起了一股传统书法教育的热潮，至今方兴未艾。随着传统书法教育的普遍开展，书法爱好者渴望有更多更好的书法技法教程，为此我们推出这套《历代经典碑帖实用教程丛书》。

　　本套丛书有以下几个特点：

　　1.典范性。学习书法必须从临摹古人法帖开始，古人留下许多碑帖可供我们选择，我们要取法乎上，选择经典的碑帖作为我们学习书法的范本。这些经典作品经过历史的选择，是书法艺术的精华，是最具代表性、最完美的作品。

　　2.逻辑性。有了经典的范本，如何编排？我们在编排上注意循序渐进、先易后难、深入浅出、简明扼要。比如讲基本笔画，先讲横画，次讲竖画，一横一竖合起来就是"十"字。然后从笔画教学引入结构教学，将两者有机地结合起来，再引导学生自练横竖组合的"土、王、丰"等字。接下来横竖加上撇就有"千、开、井、午、生、左、在"等字。内容扩展得有条有理，水到渠成。这样一环紧扣一环，逻辑性很强，以一个技法点为基础带出下一个技法点，于是一个个技法点综合起来，就组成非常严密的技法阵容。

　　3.整体性。本套丛书在编排上还注意到纵线和横线有机结合的整体性。一般的范本都是采用单式的纵线结构，即从笔画开始，次到偏旁和结构，最后是章法，这种编排理论上没有什么问题，条理清晰，但是我们在书法教学实践中发现，按这种方式编排，教学效果并不理想，初学者往往会感到时间不够，进步不大。因此本套丛书注重整体性原则，把笔画教学和结构教学有机结合，同步进行。在编排上的体现就是讲解笔画的写法，举例说明该笔画在例字中的作用，进而分析整个字的写法。这样使初学者在做笔画练习时，就能和结构训练有机地结合起来。几十年的教学经验证明，这样的教学事半功倍！

　　4.创造性。笔画练习、偏旁练习、结构练习都是为练好单字服务。从临摹初成到转入创作，这里还有一个关要通过，而要通过这个关，就要靠集字训练。

本套教程把集字训练作为单章安排，这在实用教程中也算是一个"创造"，我们称之为"造字练习"。造字练习由三个部分组成，即笔画加减法、偏旁部首移位合并法、根据原帖风格造字法，并附有大量例字，架就从临摹转入创作的桥梁，让初学者能更快更好地创作出心仪的作品。

5.机动性。我们在教程的编排上除了讲究典范性、逻辑性、整体性和创造性，还讲究机动性。为什么？前面四个"性"主要是就教程编排的学术性和逻辑性而言；机动性主要是就教学方法而言。建议使用本套教程的老师在教学上因时制宜。现代社会的书法爱好者大多要上班，在校学生功课多，平时都是时间紧迫，少有余暇。而且现在硬笔代替了毛笔，电脑代替了手写，大多数人并不像古人那样从小拿毛笔书写。在这种情况下，怎么能更快地写出一幅好作品？笔者有个建议，在时间安排上，笔画练习和单字结构练习花费的时间不要太长，有些老师教一个学期还只是教点横竖撇捺的写法，导致学生很难有兴趣继续学习下去。因为缺乏成就感，觉得学书法枯燥无味。如果缩短前面的训练时间，比较快地进入章法训练，就可以先学习整幅书法作品，然后再回来巩固笔画和结构，这样交替进行。学生能成功地写出一幅作品，其信心会倍增，会更有兴趣练下去。兴趣是最好的老师，要让学生学得有兴趣，老师就要打破常规，以创代练，创练结合，交替进行，使学生既能入帖，又能出帖，就能尽快地出作品、出精品。

诚然，因为我们水平所限，教程中定会有许多不足之处，恳请使用本套教程的朋友多多指正，以便我们再版时加以改正。

目 录

第 1 章

《曹全碑》简介

汉代隶书碑刻。全称《郃阳令曹全碑》，中平二年（185 年）十月刻，明万历初在今陕西合阳县出土，清康熙壬子（1672 年）后断裂缺字，1956 年移存西安碑林。碑阳凡二十行，满行四十五字，碑阴列名五列，在汉隶中独树一帜。

《曹全碑》的特点：

1. 用笔基本为圆笔。圆笔较为温和含蓄，使该碑显得静穆典雅。《曹全碑》的运笔平稳徐缓，笔锋始终在笔道中行，笔画平实不滑，没有过度的起伏，其线条更趋于内敛。而其所具有的动感，多半是一些弧形长线造成的，如撇、捺、钩及横挑的弧势等，故有形意翩翩之趣。平顺柔实的线条，更使《曹全碑》显得典雅逸静。《曹全碑》线条凝练简省。观其碑中字，线条没有装饰的迹象，往往一笔出去，至意想不到的位置便戛然而止。许多点、短横尽量浓缩，多数字在上、下笔的承接处断开，留出较多空白。而其笔意丝毫不因笔画简缩而出现阻隔，反而显得更协调自然，空间更圆融、静和，使其卓然独立于其他汉碑之外。同时，《曹全碑》用笔柔中有刚，笔画正行、长短兼备，每个字都突出了隶书笔画的"蚕头雁尾"的特点。

2. 结字匀称，扁平舒展，娟秀清丽，风致翩翩，匀称超逸又不乏侧势。结构呈扁方形是汉隶的共性，这是由汉隶结字多取横势而决定的。由于形扁，其势必呈横向，故而有稳定的感觉。扁、横的形体主要由字的主横画拉长或撇捺伸展造成的。但《曹全碑》中有些字的结构之扁到了几乎不能再扁的地步，这是在其他汉碑中所罕见的。

3. 书法秀美飞动，卓约多姿，秀逸典雅，神采华丽，流美飞动，有"回眸一笑百媚生"之态，实为汉隶中的奇葩。《曹全碑》的字迹保存得较为完好，虽不免风损，但字形轮廓及笔画的起讫用笔都仍清晰，这无疑为后人临习提供了极大的方便。《曹全碑》也成为学习隶书的极好范本。

第 2 章

书法基础知识

1. 书写工具

笔、墨、纸、砚是书法的基本工具，通称"文房四宝"。初学毛笔字的人对所用工具不必过分讲究，但也不要太劣，应以质量较好一点的为佳。

笔：毛笔最重要的部分是笔头。笔头的用料和式样，都直接关系到书写的效果。

以毛笔的笔锋原料来分，毛笔可分为三大类：A. 硬毫（兔毫、狼毫）；B. 软毫（羊毫、鸡毫）；C. 兼毫（就是以硬毫为柱、软毫为被，如"七紫三羊""五紫五羊"以及"白云"笔等）。

以笔锋长短可分为：A. 长锋；B. 中锋；C. 短锋。

以笔锋大小可分为大、中、小三种。再大一些还有揸笔、联笔、屏笔。

毛笔质量的优与劣，主要看笔锋，以达到"尖、齐、圆、健"四个条件为优。尖：指毛有锋，合之如锥。齐：指毛纯，笔锋的锋尖打开后呈齐头扁刷状。圆：指笔头呈正圆锥形，不偏不斜。健：指笔心有柱，顿按提收时毛的弹性好。

初学者选择毛笔，一般以字的大小来选择笔锋大小。选笔时应以杆正而不歪斜为佳。

一支毛笔如保护得法，可以延长它的寿命，保护毛笔应注意：用笔时将笔头完全泡开，用完后洗净，笔尖向下悬挂。

墨：墨从品种来看，可分为两大类，即油烟墨和松烟墨。

油烟墨是用油烧烟（主要是桐油、麻油或猪油等），再加入胶料、麝香、冰片等制成。

松烟墨是用松树枝烧烟，再配以胶料、香料而成。

油烟墨质纯，有光泽，适合绘画；松烟墨色深重，无光泽，适合写字。对于初学者来说，一般的书写训练，用市场上的一般墨就可以了。书写时，如果感到墨汁稠而胶重，拖不开笔，可加点水调和，但不能直接往墨汁瓶里加水，否则墨汁会发臭。每次练完字后，把剩余墨洗掉并且将砚台（或碟子）洗净。

纸：主要的书画用纸是宣纸。宣纸又分生宣和熟宣两种。生宣吸水性强，受墨容易渗化，适宜书写毛笔字和画中国写意画；熟宣是生宣加矾制成，质硬而不易吸水，适宜写小楷和画工笔画。

宣纸书写效果虽好，但价格较贵，一般书写作品时才用。

初学毛笔字，最好用发黄的毛边纸或旧报纸，因这两种纸性能和宣纸差不多，长期使用这两种纸练字，再用宣纸书写，容易掌握宣纸的性能。

砚：砚是磨墨和盛墨的器具。砚既有实用价值，又有艺术价值和文物价值，一块好的石砚，在书家眼里被视为珍物。米芾因爱砚癫狂而闻名于世。

初学者练毛笔字最方便的是用一个小碟子。

练写毛笔字时，除笔、墨、纸、砚（或碟子）以外，还需有笔架、毡子等工具。每次练习完以后，将笔、砚（或碟子）洗干净，把笔锋收拢还原放在笔架上吊起来。

2. 写字姿势

正确的写字姿势不仅有益于身体健康，而且为学好书法提供基础。其要点归纳为八个字：头正、身直、臂开、足安。（如图①）

头正：头要端正，眼睛与纸保持一尺左右距离。

身直：身要正直端坐、直腰平肩。上身略向前倾，胸部与桌沿保持一拳左右距离。

臂开：右手执笔，左手按纸，两臂自然向左右撑开，两肩平而放松。

足安：两脚自然安稳地分开踏在地面上，与两肩同宽，不能交叉，不要叠放。

写较大的字，要站起来写，站写时，应做到头俯、腰直、臂张、足稳。

头俯：头端正略向前俯。

腰直：上身略向前倾时，腰板要注意挺直。

臂张：右手悬肘书写，左手要按住纸面，按稳进行书写。

图①

足稳：两脚自然分开与臂同宽，把全身气息集中在毫端。

3. 执笔方法

要写好毛笔字，必须掌握正确的执笔方法，古来书家的执笔方法是多种多样的，一般认为较正确的执笔方法是唐代陆希声所传的五指执笔法。

撅：大拇指的指肚（最前端）紧贴笔杆。

押：食指与大拇指相对夹持笔杆。

钩：中指第一、第二两节弯曲如钩地钩住笔杆。

格：无名指用甲肉之际抵着笔杆。

抵：小指紧贴住无名指。

书写时注意要做到"指实、掌虚、管直、腕平"。

指实：五个手指都起到执笔作用。

掌虚：手指前面紧贴笔杆，后面远离掌心，使掌心中间空虚，可伸入一个手指，小指、无名指不可碰到掌心。

管直：笔管要与纸面基本保持垂直（但运笔时，笔管与纸面是不可能永远保持垂直的，可根据点画书写笔势而随时稍微倾斜一些）。（如图②）

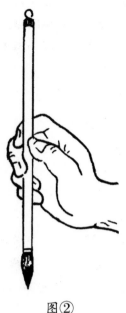

图②

腕平：手掌竖得起，腕就平了。

一般写字时，腕悬离纸面才好灵活运转。执笔的高低根据书写字的大小决定，写小楷字执笔稍低，写中、大楷字执笔略高一些，写行、草执笔更高一点。

毛笔的笔头从根部到锋尖可分三部分，即笔根、笔肚、笔尖。（如图③）运笔时，用笔尖部位着纸用墨，这样有力度感。如果下按过重，压过笔肚，甚至笔根，笔头就失去弹力，笔锋提按转折也不听使唤，达不到书写效果。

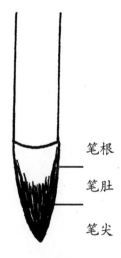

笔根
笔肚
笔尖

图③

4. 基本笔法

想要学好书法，用笔是关键。

每一点画，不论何种字体，都分起笔（落笔）、行笔、收笔三个部分。（如图④）用笔的关键是"提按"二字。

提：将笔锋提至锋尖抵纸乃至离纸，以调整中锋。（如图⑤）
按：铺毫行笔。初学者如果对转弯处提笔掌握不好，可干脆将锋尖完全提出纸面，断成两笔来写，逐步增强提按意识。

笔法有方笔、圆笔两种，也可方圆兼用。书写一般运用藏锋、逆锋、露锋，中锋、侧锋、转锋、回锋，提、按、顿、驻、挫、折、

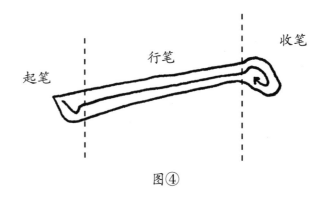

图④

转等不同处理技法方可写出不同形态的笔画。

藏锋：指笔画起笔和收笔处锋尖不外露，藏在笔画之内。

逆锋：指落笔时，先向与行笔相反的方向逆行，然后再往回行笔，有"欲右先左，欲下先上"之说。

露锋：指笔画中的笔锋外露。

中锋：指在行笔时笔锋始终是在笔道中间行走，而且锋尖的指向和笔画的走向相反。

侧锋：指笔画在起、行、收运笔过程中，笔锋在笔画一侧运行。但如果锋尖完全偏在笔画的边缘上，这叫"偏锋"，是一种病笔，不能使用。

转锋：指运笔过程中，笔锋方向渐渐改变，行笔的线路为圆转。

回锋：指在笔画收笔时，笔锋向相反的方向空收。

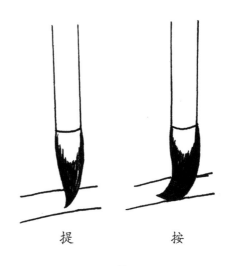

提　　　　按

图⑤

5

第 3 章

点画笔法分析

第一节　基本点画的写法

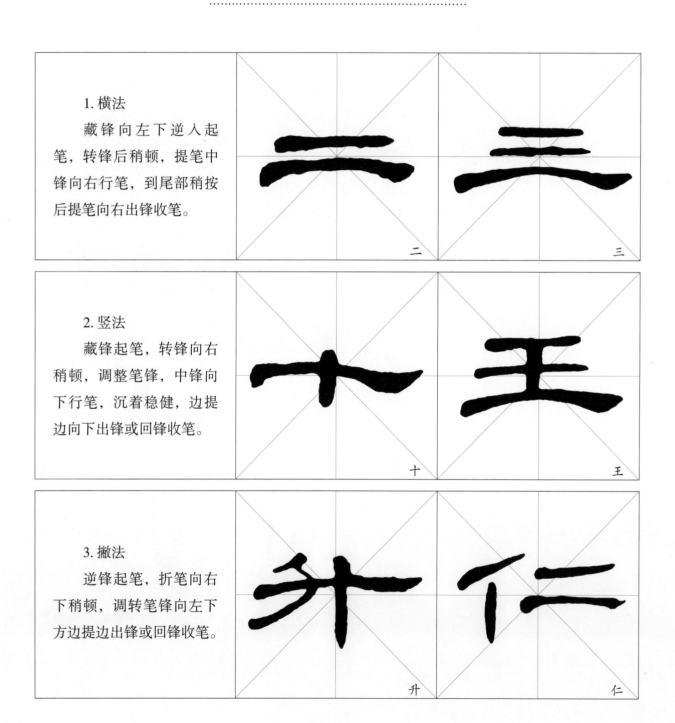

1. 横法

　　藏锋向左下逆入起笔，转锋后稍顿，提笔中锋向右行笔，到尾部稍按后提笔向右出锋收笔。

2. 竖法

　　藏锋起笔，转锋向右稍顿，调整笔锋，中锋向下行笔，沉着稳健，边提边向下出锋或回锋收笔。

3. 撇法

　　逆锋起笔，折笔向右下稍顿，调转笔锋向左下方边提边出锋或回锋收笔。

4. 捺法

捺画在字中一般属于主笔，长健而厚重。逆锋起笔，折锋向右下行，边行边按至捺脚顿笔，势足之后，边提边出锋收笔。

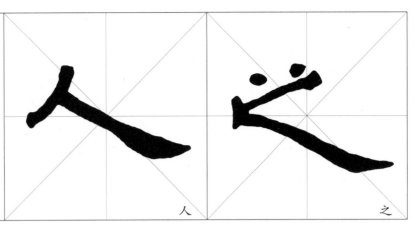

人

之

5. 点法

顺锋起笔，折锋向右下按笔，转锋向左上回收。点的形虽小，但有画龙点睛之妙用。

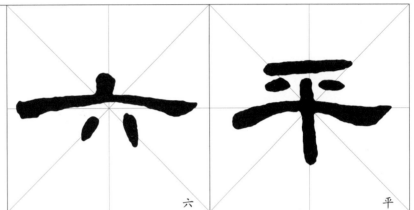

六

平

6. 挑法

逆锋起笔，向左下按，势足之后折锋或转锋向右上行笔，边行边提，出锋收笔。

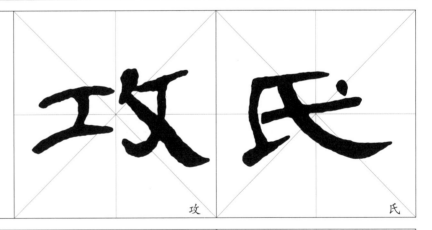

攻

氏

7. 钩法

钩是附在长画后面的笔画，方向变化较多。现以竖钩为例说明钩的写法。逆锋起笔，折锋右按，调整笔锋向下，中锋行笔，至钩处顿笔，稍驻蓄势，形宽势足，然后转笔向左钩去。

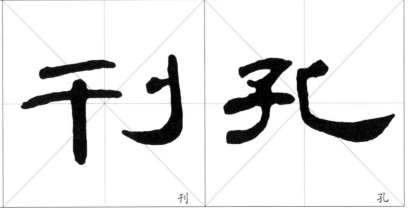

刊

孔

8. 折法

折是改变笔法走向的笔画，如横折、竖折、撇折等，现以横折为例说明其写法。起笔同横，行笔至转向处顿笔折锋，或者转锋提笔中锋下行，回锋收笔。折锋呈方角，转锋则圆匀不留折痕。

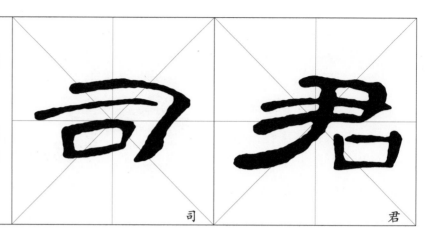

司　　君

第二节　基本点画的形态变化

一、横的变化

1. 长横（也叫波横）

隶书的长横为字的主要笔画，逆锋向左下角起笔，转笔向右上作顿，提笔右行，至尾处略顿，提笔向右上昂，出锋收笔。

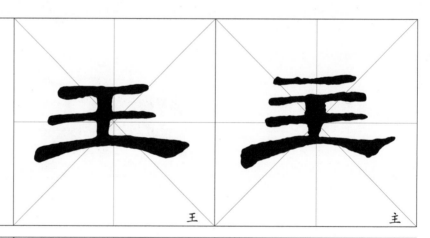

王　　主

2. 短横

短横写法与长横基本相同，只是短些，不出锋收笔而是回锋收笔。

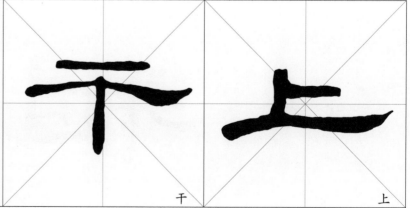

干　　上

3. 右尖横

逆锋起笔，顿笔蓄势提笔右行，中锋行笔，至尽处出锋收笔，切忌浮滑。

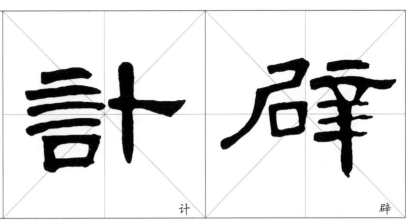

计　辟

4. 圆头横

逆锋起笔，向左下稍驻，转锋提笔右行，收笔出锋，稳健有力。

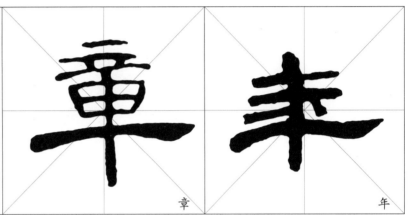

章　年

5. 俯横

两头朝下，中间拱起，形如覆舟。逆锋起笔，往左下角稍顿调锋蓄势，中锋右行，收笔出锋，稳重有力。

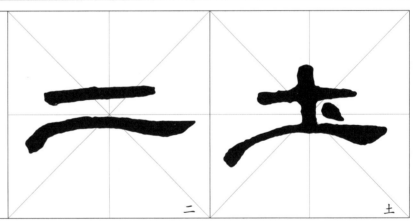

二　土

6. 仰横

两头上仰，中间凹下。藏锋起笔，调整笔锋，中锋右行，中间稍往下走然后再向右上行笔，回锋收笔。

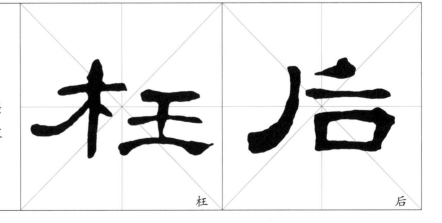

枉　后

7. 一个字有数横

注意或是长短的变化，或是向背的变化，或是曲直的变化，或是粗细的变化，或是起笔和收笔的变化。

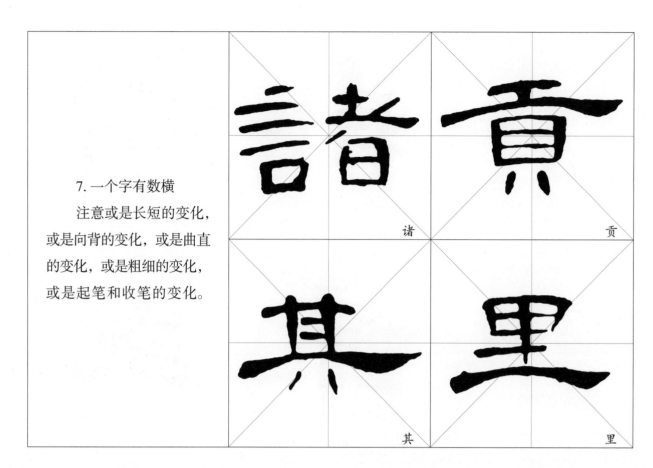

诸　贡　其　里

二、竖的变化

1. 悬针竖

逆锋起笔，折锋右顿，调整笔锋向下，中锋行笔，边提边向下出锋收笔。

2. 垂露竖

逆锋起笔，中间运笔同悬针竖写法，只是收笔须稍顿，提笔转锋向左上回收。笔势圆浑而内含。

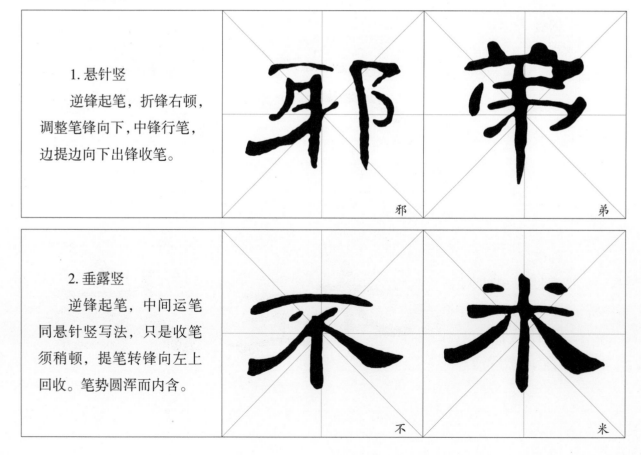

邪　弟　不　米

3. 一个字有数竖

注意或长短的变化，或向背的变化，或疏密的变化，或起笔和收笔的变化，或粗细的变化。

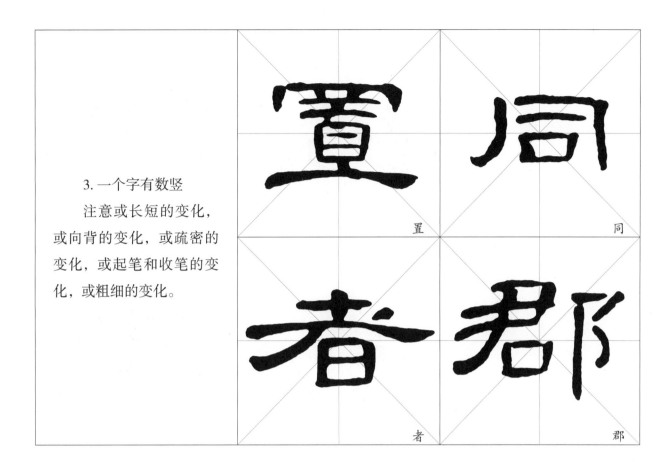

三、撇的变化

1. 长撇

逆锋起笔，折锋向右下顿笔，转锋向左下行笔，运笔稍慢，收笔回锋。上段较直，变向时圆转，收笔也较圆。

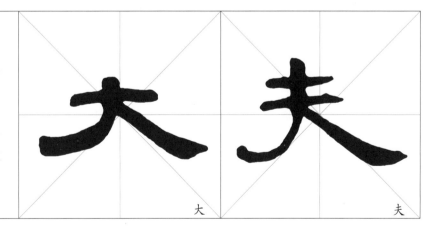

2. 短撇

写法和长撇基本相同，只是笔画较短，收笔多出锋，短促有力。

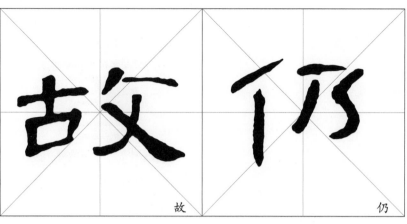

故　　　仍

3. 竖撇

逆锋起笔，前面部分稍竖，提笔圆转调锋变向，后面部分才向左下中锋行笔撇出，回锋收笔。

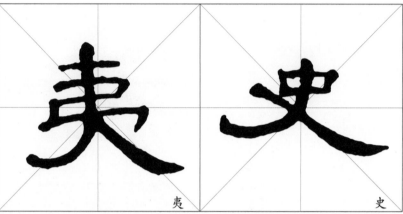

夷　　　史

4. 平撇

这类撇通常出现在字的顶部，逆锋起笔，笔法同短撇，只是角度较平，笔画较短。

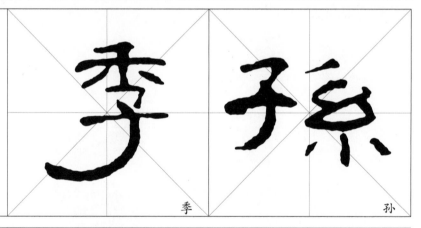

季　　　孙

5. 带钩撇

露锋或藏锋起笔，向左下方中锋行笔，至尾部收笔处带出钩，回锋蓄势。

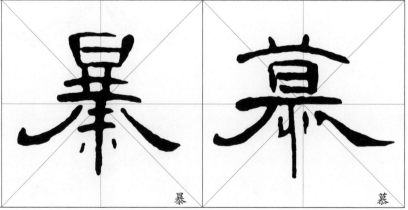

暴　　　慕

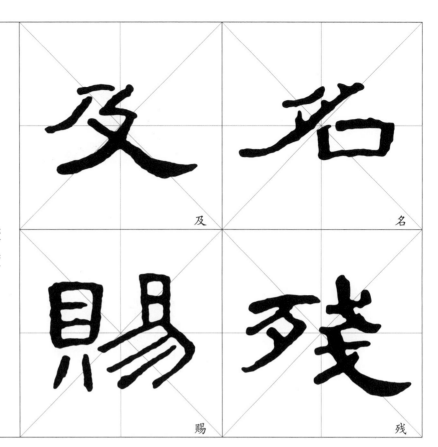

6. 一个字有数撇

注意或长短的变化，或曲直的变化，或向背的变化，或疏密的变化，或角度的变化，或粗细的变化。

及

名

赐

残

四、捺的变化

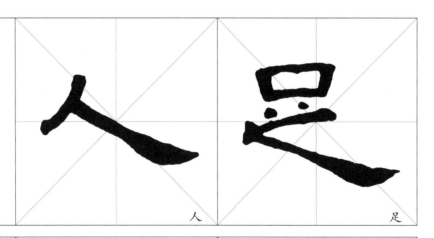

1. 长捺

捺画通常是字中主笔，长而健，曲而婉，逆锋或顺锋起笔，向右下行笔，边行边按，至捺脚顿笔蓄势形完势足后，提笔调锋向右出锋收笔。

人

足

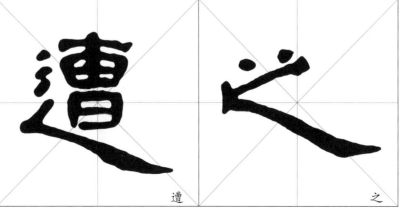

2. 平捺

逆锋逆入，折锋向右下行笔，边行边按，力度逐渐加大，笔道由细变粗，至捺脚顿笔蓄势，调锋向右出锋收笔。整个笔画呈S形，像水波浪似的一波三折。

遭

之

3. 直捺

　　顺锋起笔，边行边按，至尽处向右下顿笔，向右上出锋收笔。挺直劲健，力敌千钧。

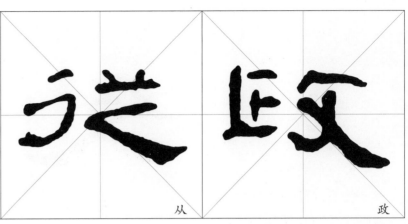

从　　　　政

4. 一个字有数捺

　　要以其中一捺为主要笔画，这一主笔决定整字的气势，其余的变为次要笔画。

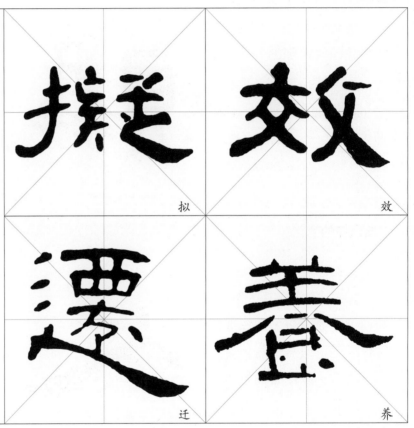

拟　　　　效

迁　　　　养

五、点的变化

1. 直点

　　其形正直，逆锋起笔，向右平出，稍顿，折锋向下行笔，回锋收笔。

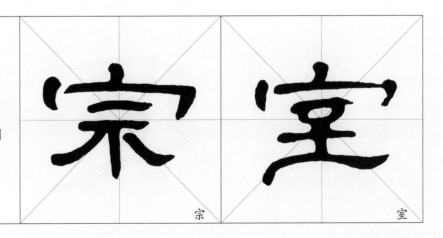

宗　　　　室

2. 尖头左点

　　顺锋起笔，向左下行笔，顿笔蓄势，回锋向右上收笔。整个点呈上小下大、上尖下钝之势。

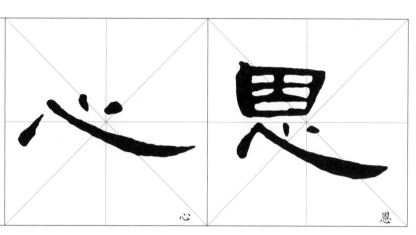

心

恩

3. 尖头右点

　　顺锋起笔，向右下行笔，顿笔，蓄势，势足之后回锋收笔，筋力内含。

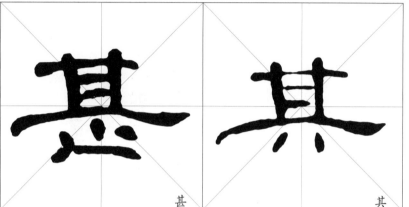

甚

其

4. 挑点

　　逆锋起笔，折锋向下按笔，调锋向右上中锋行笔，边提边挑出收笔。

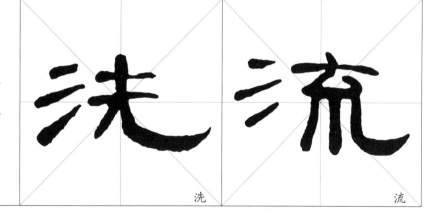

洗

流

5. 平点

　　逆锋或顺锋起笔，向右平出，稍顿，回锋收笔。

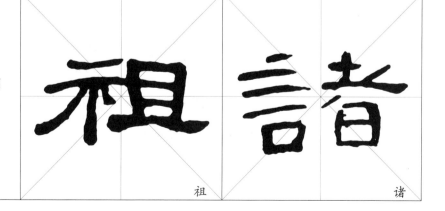

祖

诸

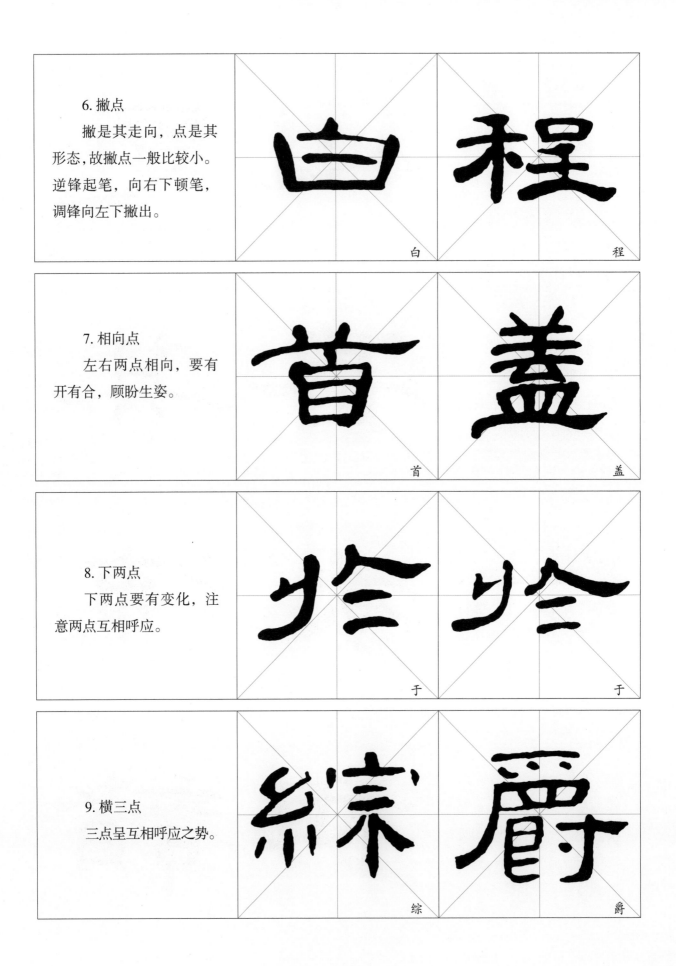

6. 撇点

撇是其走向，点是其形态,故撇点一般比较小。逆锋起笔，向右下顿笔，调锋向左下撇出。

白

程

7. 相向点

左右两点相向，要有开有合，顾盼生姿。

首

盖

8. 下两点

下两点要有变化，注意两点互相呼应。

于

于

9. 横三点

三点呈互相呼应之势。

综

爵

10. 两对点

四点走向有异，但要左右相对，上下呼应。

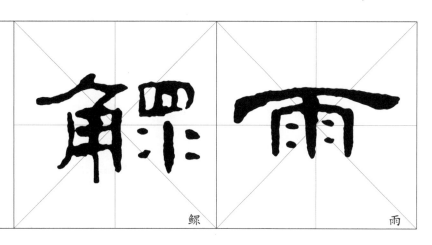

鳜

雨

六、钩的变化

1. 横钩

逆锋起笔，同横画的写法，至钩处提笔另起再向右下作顿，稍驻蓄势，调锋向左下钩出。

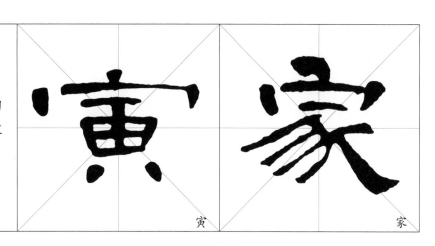

寅

家

2. 竖钩

起笔同竖，竖要挺直，至钩处作围，调锋蓄势向左钩出，钩尾不露锋尖。

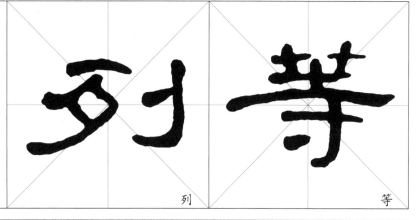

列

等

3. 横折钩

逆锋起笔，至折处稍顿，折锋向下行，至钩处调锋蓄势向左钩出，钩较短。

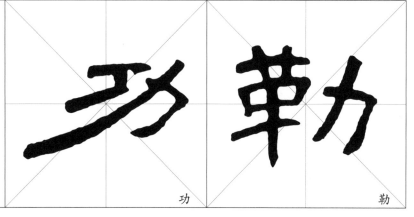

功

勒

4. 斜钩

藏锋起笔，折锋向右按笔，提笔转锋向右下中锋行笔，至钩处稍顿蓄势，调锋向右上作雁尾收笔。

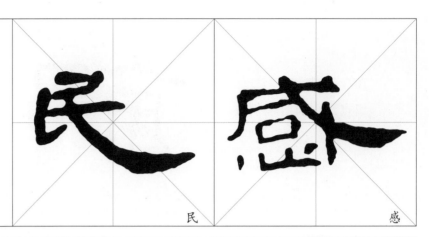

民

感

5. 卧钩

顺锋起笔，向右下中锋行笔，边行边按，略带弧势，至钩处稍驻蓄势向右上作雁尾收笔。

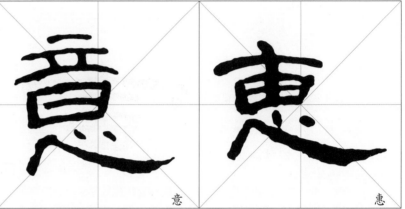

意

惠

6. 耳钩

逆锋起笔，向右上行笔至折处，向右下顿笔，调整笔锋向左下行笔，边提边行，调锋向右下行笔，至折处，调锋向左下钩出。

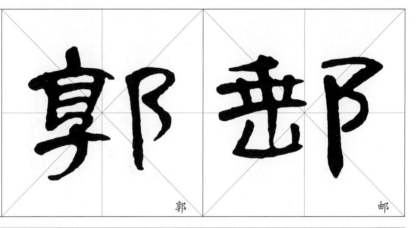

郭

邮

7. 竖弯钩

逆锋起笔，中锋向下作竖，过拐弯处稍作慢弧势运笔，边按边行，至钩处蓄势，调锋向右上钩出，收笔如雁尾状。

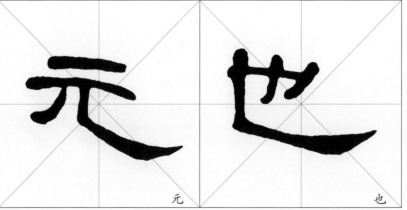

元

也

8. 横折弯钩

逆锋起笔，至折处中锋稍提顿笔，折锋向右下行笔，腰部凹进，呈弧势，至钩处稍驻蓄势向上钩出，收笔如雁尾状。

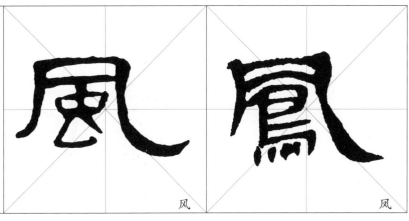

凤 凤

9. 一个字有数钩

注意或主次的变化，或向背的变化，或长短的变化，或粗细的变化，或大小的变化。

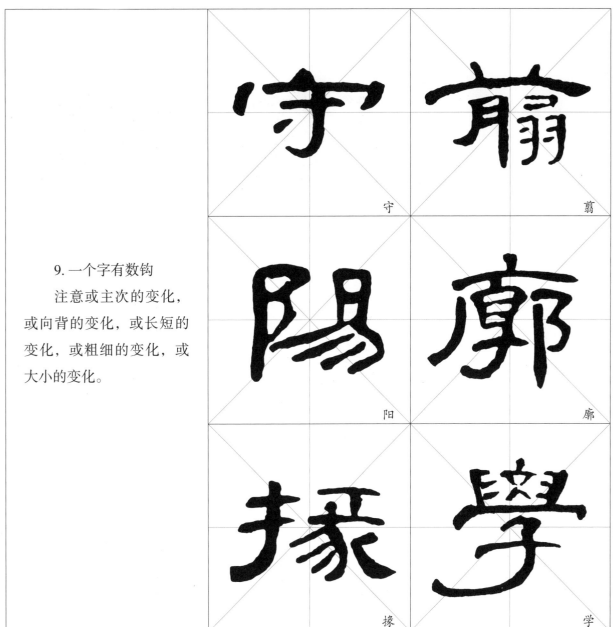

守 翦

阳 廓

掾 学

七、挑的变化

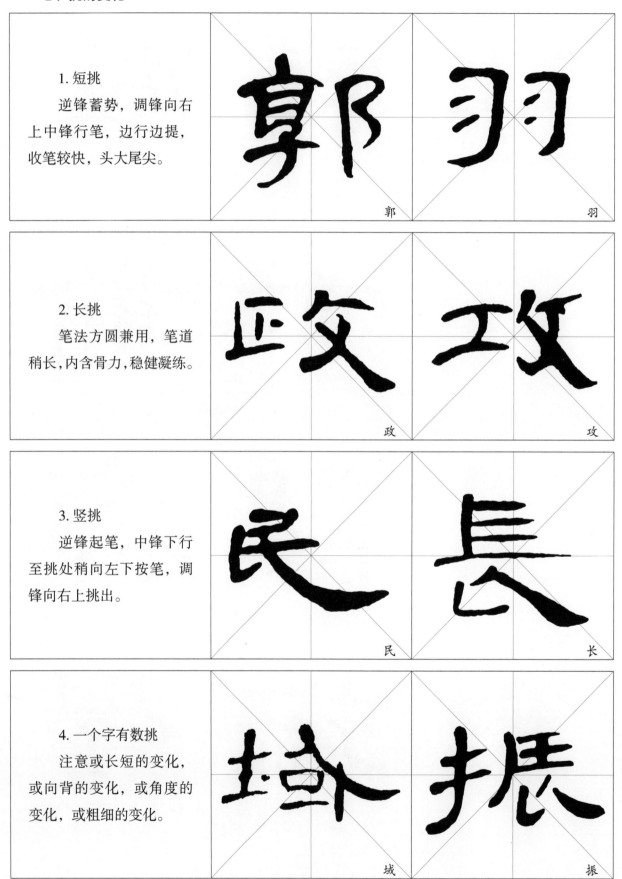

1. 短挑 逆锋蓄势，调锋向右上中锋行笔，边行边提，收笔较快，头大尾尖。	郭　　羽
2. 长挑 笔法方圆兼用，笔道稍长，内含骨力，稳健凝练。	政　　攻
3. 竖挑 逆锋起笔，中锋下行至挑处稍向左下按笔，调锋向右上挑出。	民　　长
4. 一个字有数挑 注意或长短的变化，或向背的变化，或角度的变化，或粗细的变化。	域　　振

八、折的变化

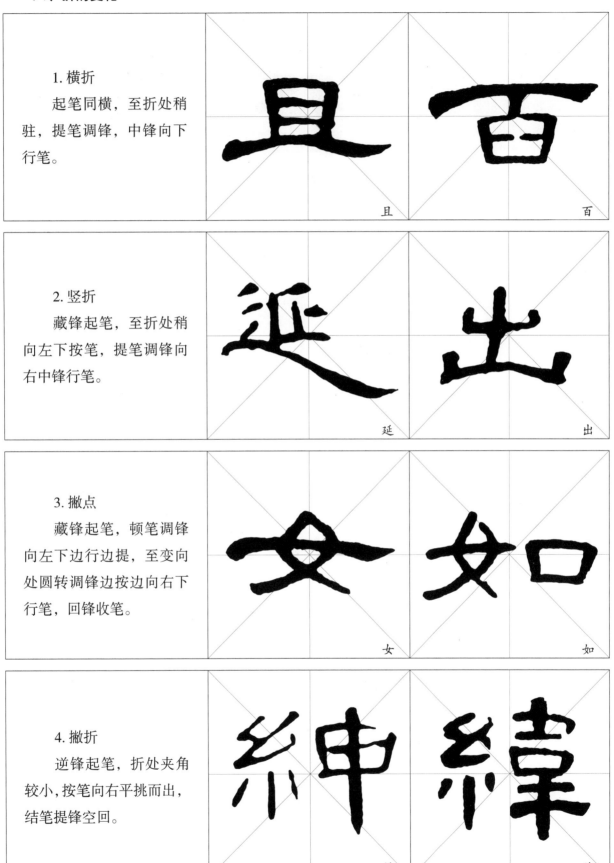

1. 横折
起笔同横，至折处稍驻，提笔调锋，中锋向下行笔。

且 百

2. 竖折
藏锋起笔，至折处稍向左下按笔，提笔调锋向右中锋行笔。

延 出

3. 撇点
藏锋起笔，顿笔调锋向左下边行边提，至变向处圆转调锋边按边向右下行笔，回锋收笔。

女 如

4. 撇折
逆锋起笔，折处夹角较小，按笔向右平挑而出，结笔提锋空回。

绅 纬

5. 一个字有数折

　　要注意或方圆的变化，或大小的变化，或角度的变化，或粗细的变化。

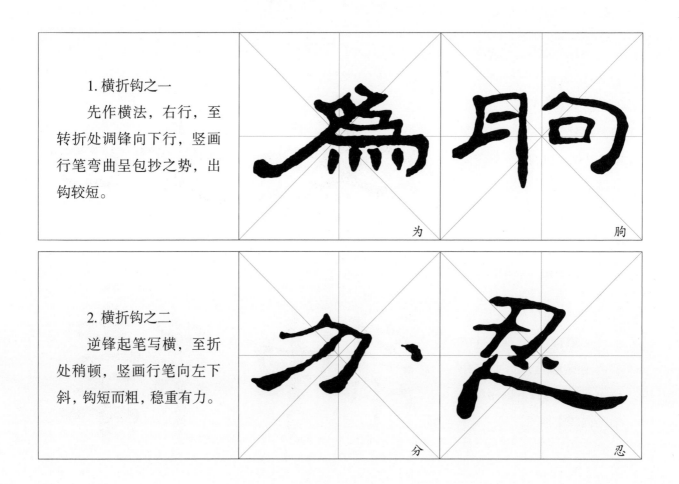

参

兴

第三节　复合笔画

1. 横折钩之一

　　先作横法，右行，至转折处调锋向下行，竖画行笔弯曲呈包抄之势，出钩较短。

为

胊

2. 横折钩之二

　　逆锋起笔写横，至折处稍顿，竖画行笔向左下斜，钩短而粗，稳重有力。

分

忍

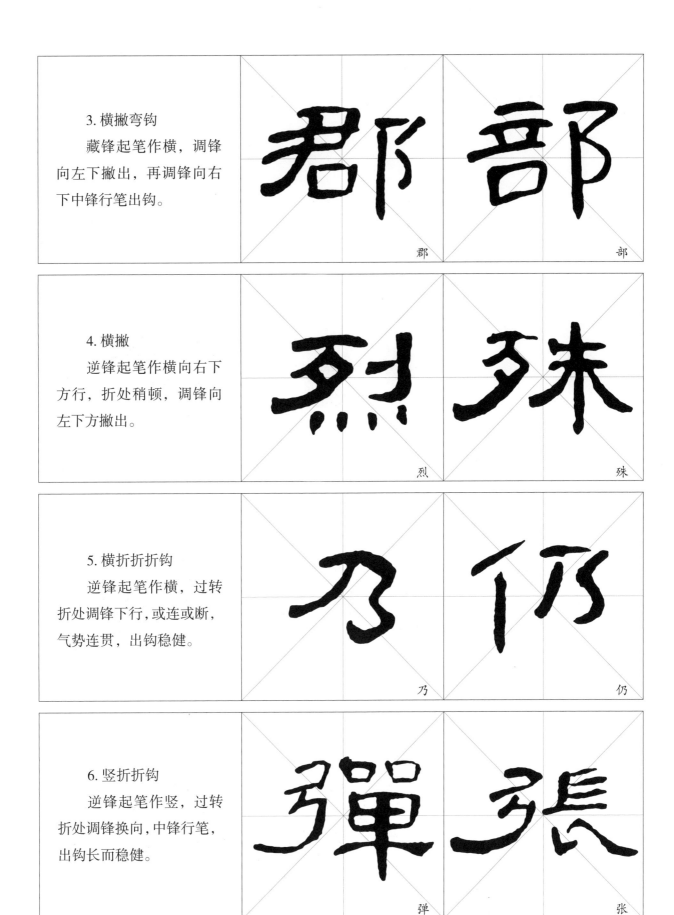

3. 横撇弯钩

藏锋起笔作横，调锋向左下撇出，再调锋向右下中锋行笔出钩。

郡　部

4. 横撇

逆锋起笔作横向右下方行，折处稍顿，调锋向左下方撇出。

烈　殊

5. 横折折折钩

逆锋起笔作横，过转折处调锋下行，或连或断，气势连贯，出钩稳健。

乃　仍

6. 竖折折钩

逆锋起笔作竖，过转折处调锋换向，中锋行笔，出钩长而稳健。

弹　张

第 **4** 章

偏旁部首分析

第一节 左偏旁的变化

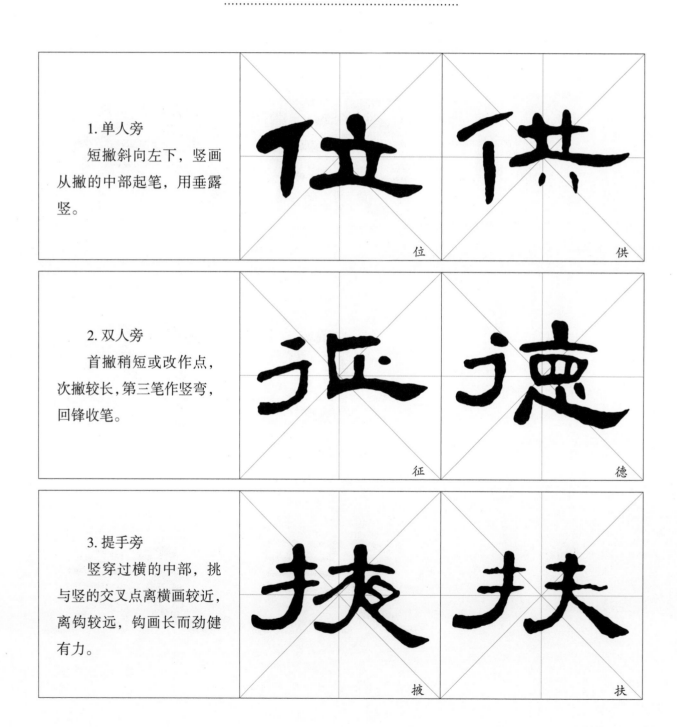

1.单人旁 　短撇斜向左下，竖画从撇的中部起笔，用垂露竖。	位	供
2.双人旁 　首撇稍短或改作点，次撇较长，第三笔作竖弯，回锋收笔。	征	德
3.提手旁 　竖穿过横的中部，挑与竖的交叉点离横画较近，离钩较远，钩画长而劲健有力。	掖	扶

24

4. 竖心旁

　　左点在竖的中部，右边用两点，保留篆书的笔意，三点相互呼应，和而不同。

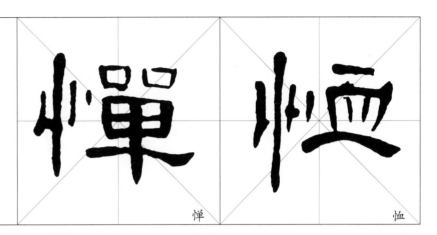

惮　　恤

5. 左耳旁

　　横画起笔后略上斜，折角或断或连，弯钩稍短。

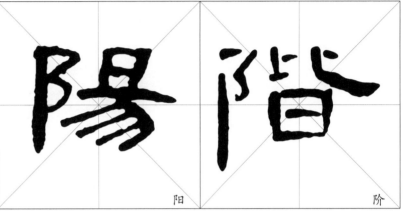

阳　　阶

6. 提土旁

　　短横上斜，竖穿过横画中部，挑画与横画俯仰呼应。

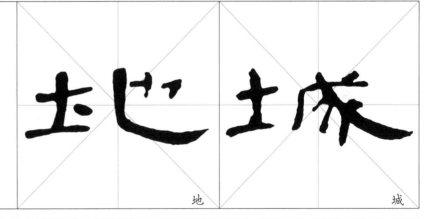

地　　城

7. 女字旁

　　两弧上接，横画左伸，略向上斜，两脚或平或不平。

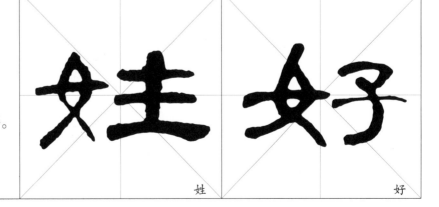

姓　　好

8. 三点水

　　三点成一弧形，收向中部。三点大小有异，中点最大而且最长。

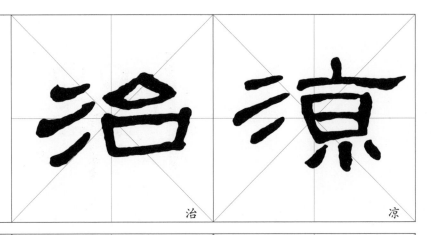

治　　凉

9. 木字旁

　　竖穿过横画中部，撇和点都与竖笔势相连，撇尾回锋收笔。

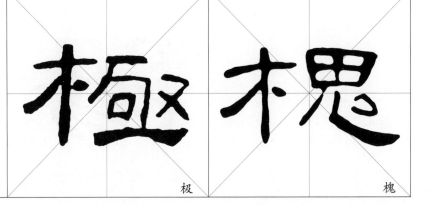

极　　槐

10. 示字旁

　　首点作平点，与横距离较远，竖画起笔对应首点中部。

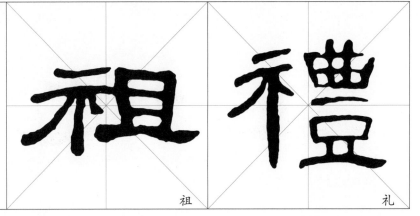

祖　　礼

11. 绞丝旁

　　保留篆书笔意，用弧形笔法，上部像开口的"8"，三点上合下开，中点大而长。

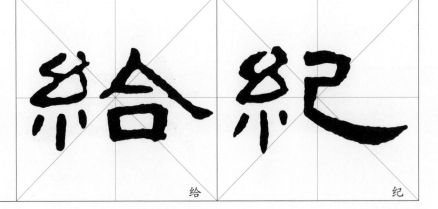

给　　纪

12. 金字旁

撇长点短，第一横较短，第三横微斜向上和右边呼应。

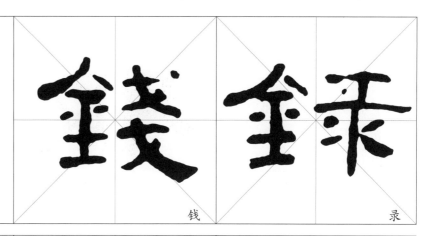

钱　　录

13. 火字旁

两点左右呼应，撇是竖撇，回锋收笔，第四笔适当收缩让右。

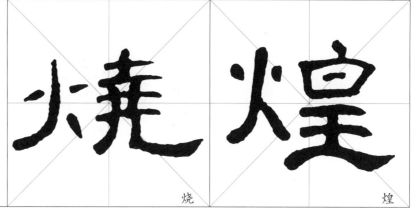

烧　　煌

14. 方字旁

点在横画中右边，横画稍斜，撇不出锋，横折较短。

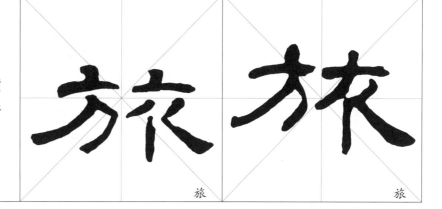

旅　　旅

15. 禾字旁

首撇宜平，竖穿过横画的右部，撇、点与竖相接或相离。

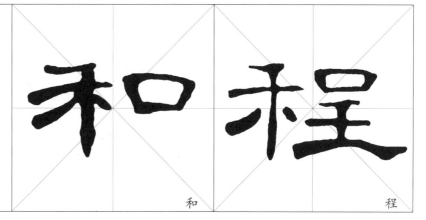

和　　程

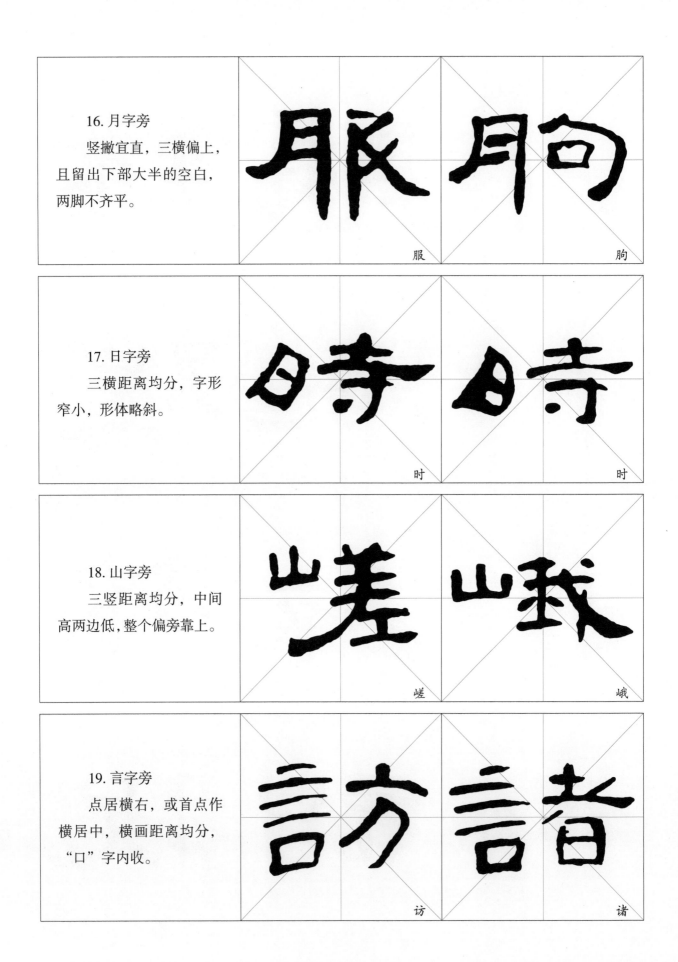

16. 月字旁
竖撇宜直，三横偏上，
且留出下部大半的空白，
两脚不齐平。

服

胸

17. 日字旁
三横距离均分，字形
窄小，形体略斜。

时

时

18. 山字旁
三竖距离均分，中间
高两边低，整个偏旁靠上。

嵯

峨

19. 言字旁
点居横右，或首点作
横居中，横画距离均分，
"口"字内收。

访

诸

20. 车字旁

　　五个横画均匀分布，收腰内斜，最后一横或向右上斜以便与右边呼应。

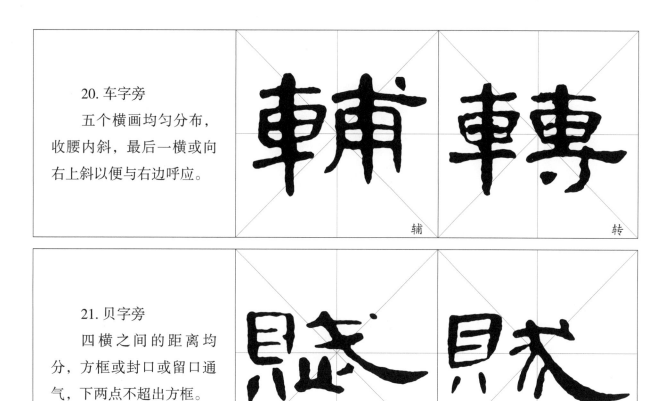

辅

转

21. 贝字旁

　　四横之间的距离均分，方框或封口或留口通气，下两点不超出方框。

赋

赋

第二节　右偏旁的变化

1. 立刀旁

　　短竖作横画居中上，竖钩中锋行笔，斜向内收，劲而有力，钩与左部呼应。

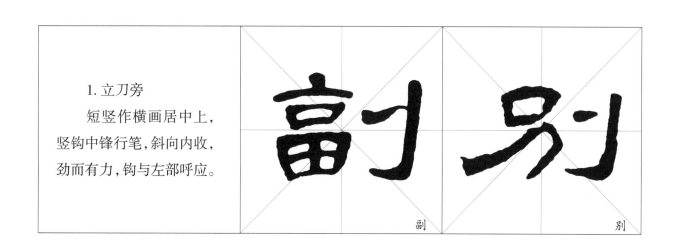

副

别

2. 右耳旁

横撇不超过横的起笔处，钩较短，最后一竖可用悬针竖。

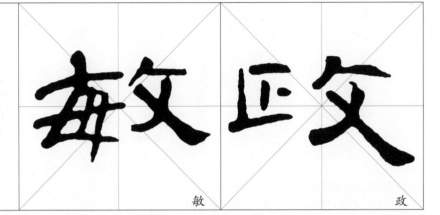

部

都

3. 反文旁

上撇斜向左下，较短，下撇从横画的中部起笔，中间是弧弯之势，撇脚与捺脚呼应。

敏

政

4. 欠字旁

首撇短而斜，横钩较斜，竖撇稍直，最后一笔用捺，出锋收笔。

5. 页字旁

首横较长，短撇改短竖连框，五横距离均分。

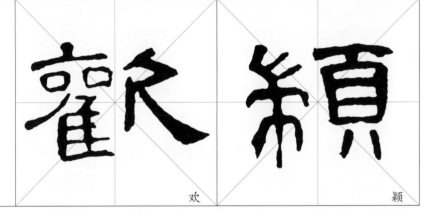

欢

颖

6. 隹字旁

短撇斜向左下，左竖画与右边四横或连或断。

雄

雍

7. 见字旁

方框窄长，横画等距，撇较短，撇和竖弯钩互相呼应。

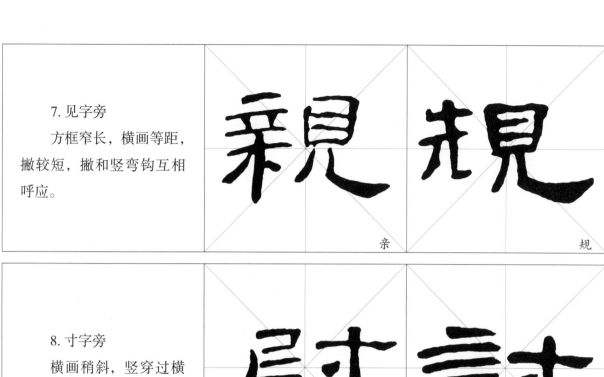

亲　　　规

8. 寸字旁

横画稍斜，竖穿过横画中部，钩向左稍平，点补空当。

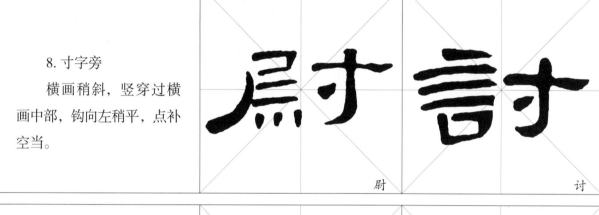

尉　　　讨

9. 斤字旁

首笔平撇要短，竖撇也短，让横画作主笔雁尾收笔。"所"字的"斤"为变异写法。

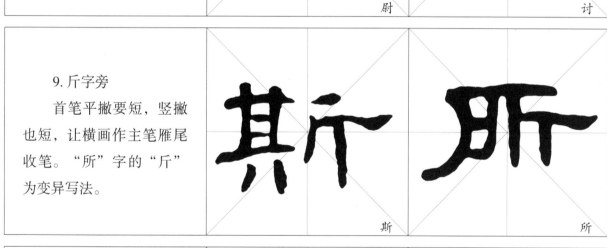

斯　　　所

10. 月字旁

竖撇下部留空，横画等距偏上，下部空白较大。

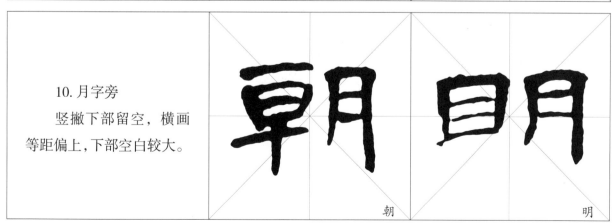

朝　　　明

第三节　字头的变化

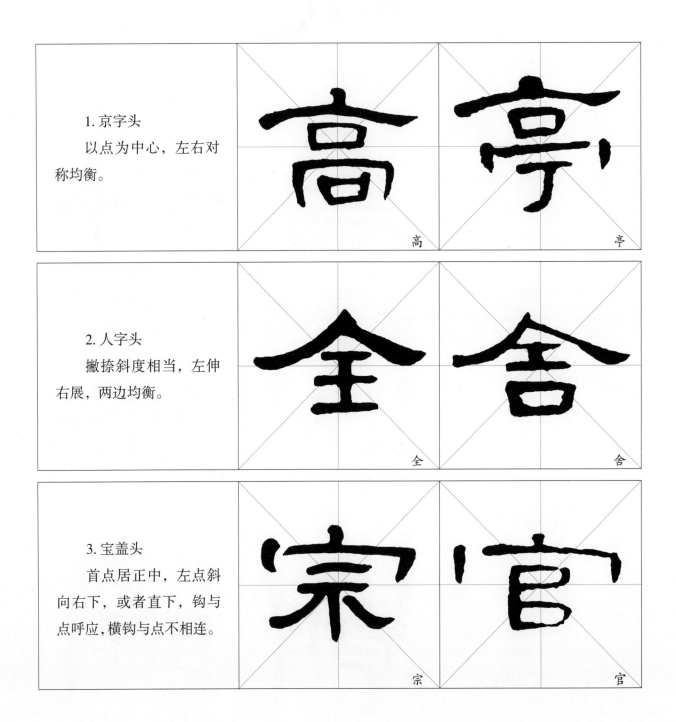

1. 京字头
　　以点为中心，左右对称均衡。

2. 人字头
　　撇捺斜度相当，左伸右展，两边均衡。

3. 宝盖头
　　首点居正中，左点斜向右下，或者直下，钩与点呼应，横钩与点不相连。

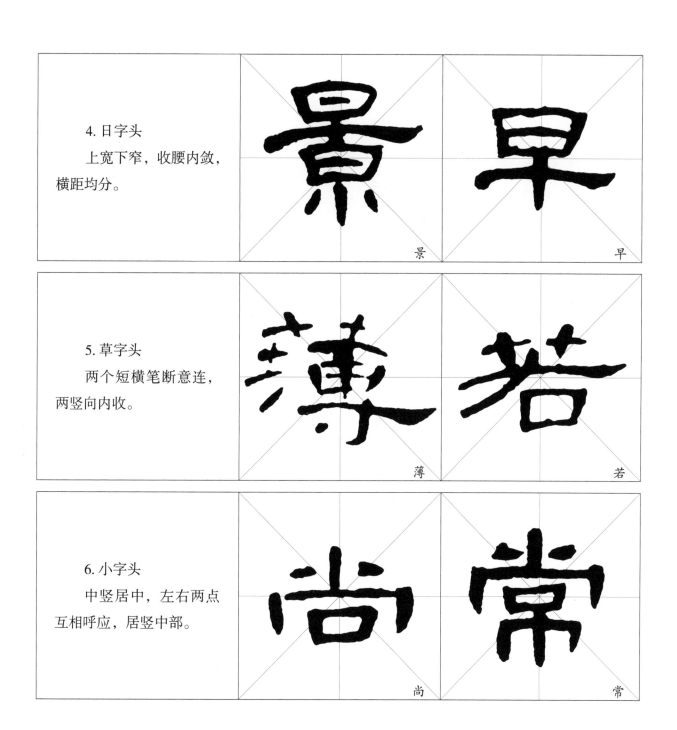

4. 日字头
　　上宽下窄，收腰内敛，横距均分。

景　早

5. 草字头
　　两个短横笔断意连，两竖向内收。

薄　若

6. 小字头
　　中竖居中，左右两点互相呼应，居竖中部。

尚　常

第四节　字底的变化

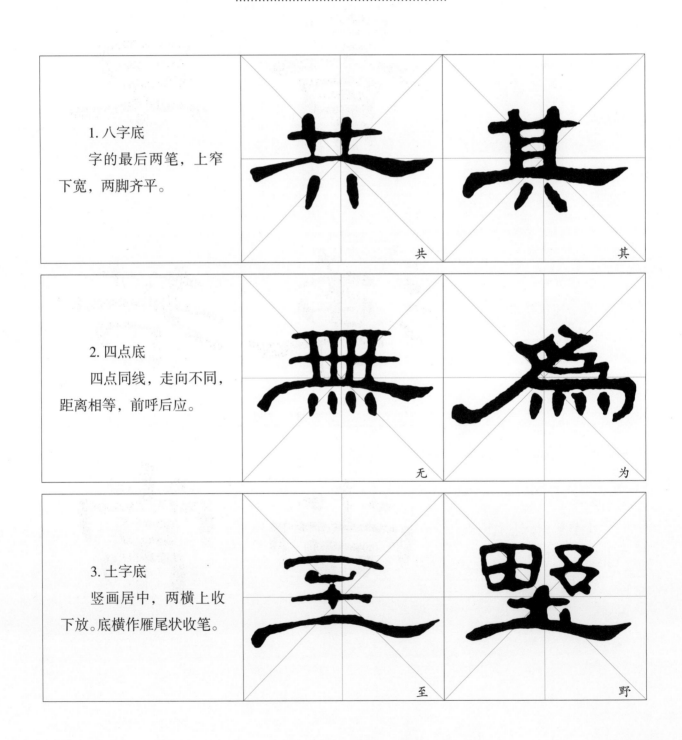

1. 八字底
　　字的最后两笔，上窄下宽，两脚齐平。

共

其

2. 四点底
　　四点同线，走向不同，距离相等，前呼后应。

无

为

3. 土字底
　　竖画居中，两横上收下放。底横作雁尾状收笔。

至

野

4. 心字底

第一点与第二、第三点呼应，波画舒展。

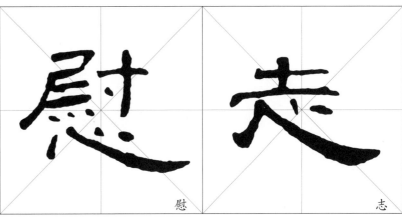

慰

志

5. 走之底

四个短点互相呼应，错落有致，平捺一波三折而过。

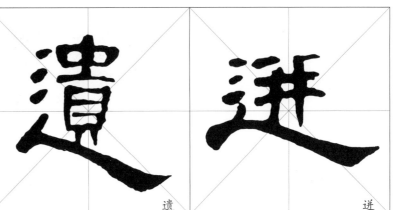

遗

迸

6. 走字底

"赴"上横稍斜，中横宜长，平捺右伸，托起右边笔画。"起"字捺画收缩，主笔变为副笔，"己"部竖弯钩作主笔，雁尾出锋收笔，飘逸潇洒。

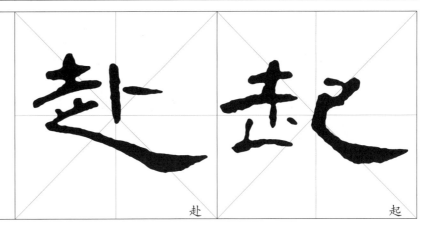

赴

起

7. 木字底

横画长则撇捺改作点，横画短则撇捺伸展作主笔。横画伸展作主笔，字形稍扁。

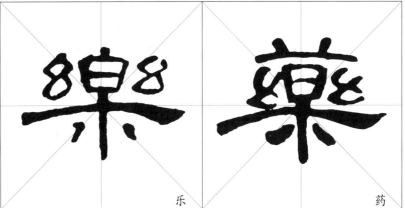

乐

药

第五节　字框的变化

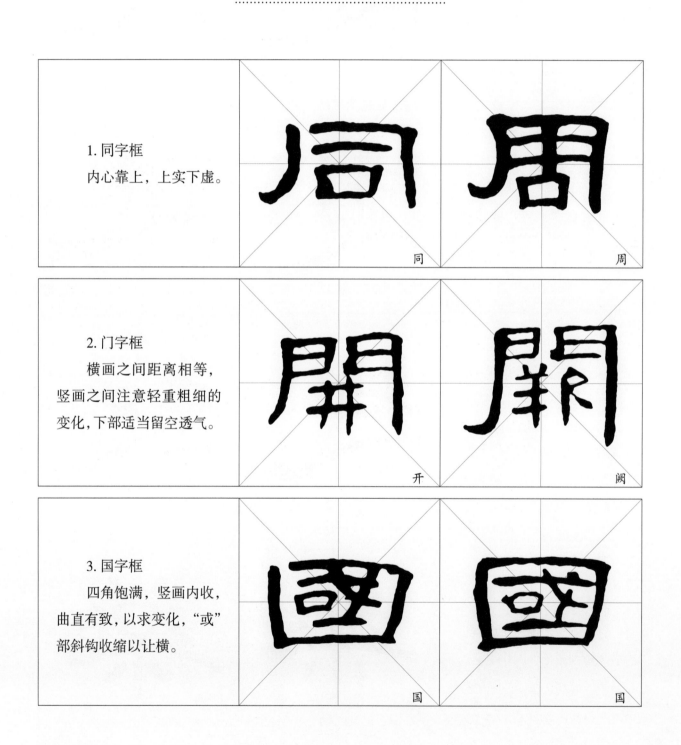

1. 同字框
内心靠上，上实下虚。

同

周

2. 门字框
横画之间距离相等，竖画之间注意轻重粗细的变化，下部适当留空透气。

开

阙

3. 国字框
四角饱满，竖画内收，曲直有致，以求变化，"或"部斜钩收缩以让横。

国

国

第 5 章

结构分析

第一节　隶书结构法则

方块汉字从结构上可分为独体字和合体字两大类；从笔画多少来看，少则一画，多则三十几画；从形状来看，几乎所有的几何图形都有。不论是独体字，还是合体字，不管形状怎么样，笔画多少，结构繁简，一个字的各组成部分，都得容纳在同一方格内，因此，就有如何结构的问题。

历代的书法家对结构的研究做了许多努力，如欧阳询三十六法、李淳八十四法、黄自元九十二法。这些研究有合理可取之处，如黄自元九十二法的前面八十二种结构法可取，但他的第八十三法到第九十二法就不可取了。比如第九十法讲单人旁"单人旁字准此"，即单人旁的字照这样子写，其他也都用"准此"来搪塞，他是讲不出所以然来了。这些结构法还有一个明显的缺陷，那就是"只见树木，不见森林"，没能从根本上、从整体上去讲明汉字结构的关系。

要讲清楚根本关系，我们可以借鉴中华文化的经典著作《易经》和"太极图"来帮助理解。

《易经》说："太极生两仪，两仪生四象，四象生八卦。"《易经》的核

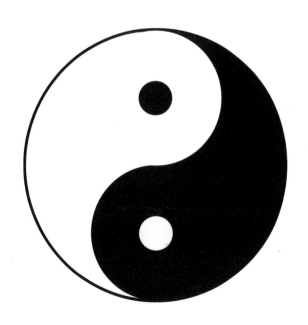

心是运用一分为二、对立统一的宇宙观和辩证法来揭示宇宙间事物发展和变化的自然规律。它的内容非常丰富，对中国文化和世界科学有着重大而深远的影响。例如中医把人看作一个"太极"、一个整体，这个"太极"的两仪、阴阳要平衡，不平衡人就会生病。

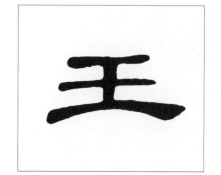

回到书法上，我们把这个图看作一个字的整体，一个空间、一个方块，两仪就是黑与白、柔与刚、方与圆、逆和顺、藏和露、曲和直、粗和细……总而言之，即矛与盾。中间的S形线表明阴阳可以变化，并且这种变化不是突变而是渐进的。"四象"即东南西北四个方位；"八卦"即"四象"再加上东南、西南、东北和西北四个方位成为八个方位，把这八个方位按不同的方法连起来，就有了田字格、米字格、九宫格，传统的练字方法不就是从这里来的吗？

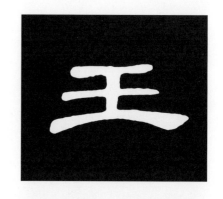

在这个空间里，即在这个方格里写上笔画，这是黑，即是阴；没有写上笔画的地方，就是白，即是阳。根据太极图整体平衡的原理，黑白之间一定要疏密得当，和谐均衡，即每个字不管笔画多少、结构繁简，都容纳在同一方块之中，看上去没有过疏或过密的感觉。绘画上也有"知白守黑，计白当黑"的说法，其实这也是汉字结构的总原则。把握了这个原则，你就掌握了汉字结构和章法的真谛，你讲多少法就多少法，只要不违背这个原则就可以了。如果不把握这个原则，讲九十二法讲不清，再讲九万二十法也讲不清。为了记忆方便，我们可把它叫作"太极书法"。

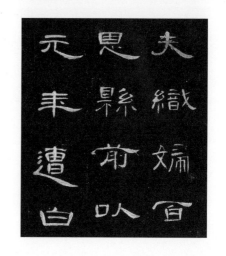

根据"太极书法"原则，我们归纳出隶书结构的九个法则。

一、整体大于局部

隶书结构可采用部分与整体相结合的办法，以及中轴与板块相结合的办法来分析，隶书的笔画不是独立的，它离不开整个字，字离不开行列，行列离不开整幅。有的字单独看不和谐，放在整幅字中看就和谐了。所以，一个字是一个小的太极，一行字是一个中等的太极，一幅字则是一个大的太极，写隶书要有一个大的太极的观念，即整体的观念。如右图，相同的笔画有不同的变化，就是为了整体的和谐。

二、匀称均衡，重心平稳

匀称均衡、重心平稳是所有书体都要遵守的原则。平稳均衡有两种形式，一种是静态的，如人双脚正直站立，重心就在两脚之间，又如静止的汽车，重心在四个轮子的中心交点上，显得很平稳；另一种是动态的，如人行走或跑步，又如人骑在自行车上，重心不断移动来保持运动状态的平衡。隶书是属于动态平衡，它于动中取静，将笔画巧妙布置，于平稳中显姿致。如"十、年、世、父、禁、里"等字，以中竖或撇捺交点为对称轴，匀称均衡，重心平稳。

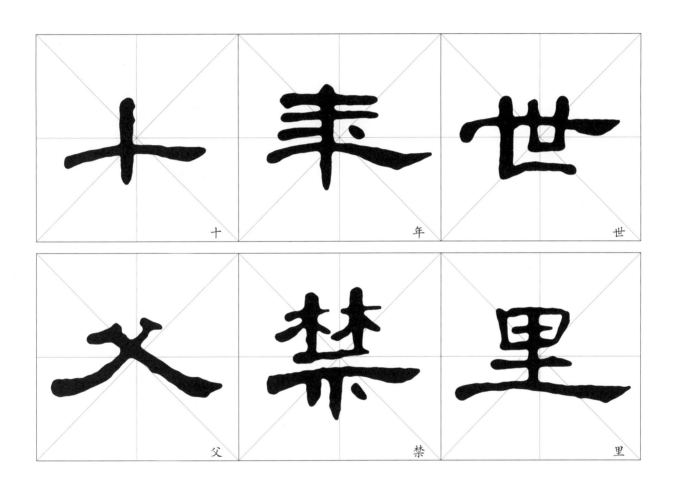

三、参差错落，变化多姿

隶书结构可分为平正和险绝两种格调。平正主要指匀称均衡，重心平稳，但一味的平正，没有变化，就会显得死板而乏味；一味的险绝，而不注意均衡平稳，就会给人装腔作势的感觉。唐孙过庭说学习书法有三种境界：平正—险绝—复归平正。险绝的形成主要是通过参差错落、变化多姿来实现。"复归平正"的"平正"是经过了险绝之后的"平正"，是化险为夷、平中见奇的"平正"。

参差错落、变化多姿是构成险绝的方法，其目的是打破字形原有的均衡与稳定而另外造成新的均衡与稳定，这样做能形成很强的动感和新奇的视觉效果。

所：首横平正，撇和横的雁尾左右伸展，以增其险，加大斜度，以增其动。上密下疏，增加对比。末竖收势，力挺千钧，使字复归平正，取得新的平衡。

西：三个横画二静一动，四个竖画走向各异，在对比中求得新的平衡。

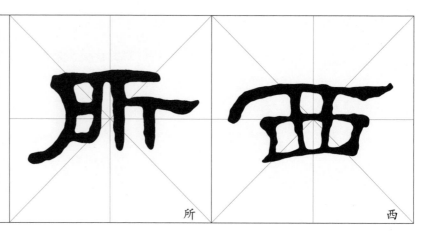

所　　西

孝：上大下小，上部分左右伸展，可见其险；"子"部的横画右缩，化动为静，钩脚欹侧，整字又平中见奇。

紫：左下部向左下摆，右竖弯钩的雁尾向右下摆与左边呼应，这一笔，使字平衡，有惊无险。

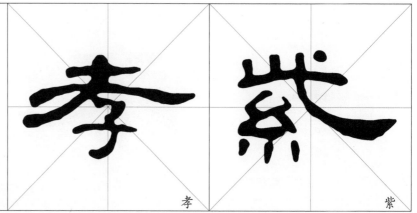

孝　　紫

练习下列例字，注意辨析其处理字形的方法。

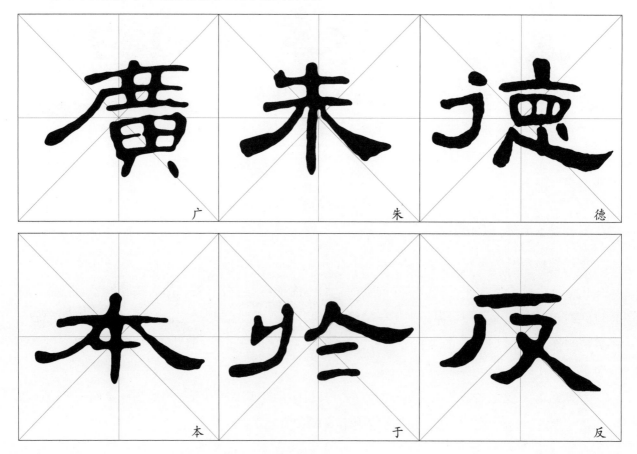

广　　朱　　德

本　　于　　反

40

四、形体扁平

隶书字形整体看呈扁方形，宽大，高与宽的比例大致为 2：3，如龟背形，所以古人称隶书"如龟如鳖"。

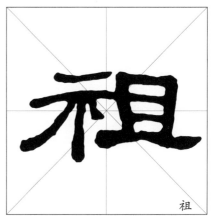

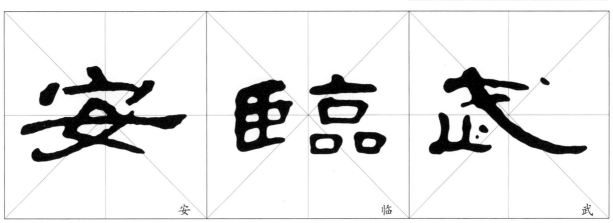

五、左右开张

隶书的扁平字形，决定了其另一特征，就是左右开张。左右开张主要体现在长横、撇、捺和钩这几笔，习书时遇到这样的笔画宜尽势向两边拉开。左右开张使字显得跌宕飞动，如雄鹰展翅，大鹏高飞。

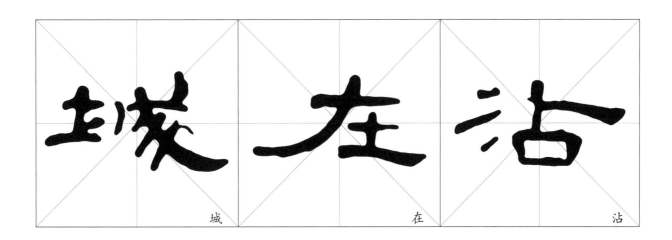

六、主笔突出

隶书的写法强调主笔突出。所谓突出就是把某一笔（或两笔）写得较长较重，使它（或它们）在一字中占有明显的地位。如"首、存"等字的长横即为主笔，都用"蚕头雁尾"的波画来写。长横为主笔时，其他短横不能有明显的"蚕头雁尾"，即所谓"蚕不二设，雁不双飞"，例如"存"字只有一个"雁尾"。有撇捺时往往撇捺即为主笔，在撇捺之中又以捺为主，例如"人"字。有的字（如"学"字），则以弧钩作为主笔；有的字的主笔可根据需要作调整，可以是上横上捺，也可以是下横下捺。

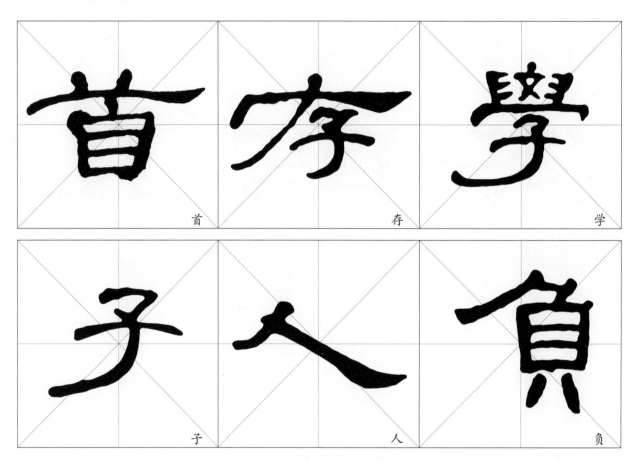

首　　　　　存　　　　　学

子　　　　　人　　　　　负

七、点画避让

点画避让与主笔突出是相对的两个方面，要突出主笔，其他笔画就要避让，该避让部分应压缩，写短、写小，如"之"字属于上让下，上面三笔写轻、写小、写短，而最后一捺写重。"重"字七个横画均分（第一笔的平撇也可以看作一个横画），主笔是最后一横；左右两竖收腰，中竖挺拔有力。"而"字第一横作主笔，一波三折而过，后面四竖均分。"功"字第三笔改作斜挑，让最后一撇作主笔从其下方伸展而过，直到与左边两个端点形成三点一线。"寺"字三个横画等距不等长，中间一横最长为主笔。"兵"字第五笔横画作主笔，一波三折而过，最后两笔在中线作支撑，有惊无险，危而不倒。

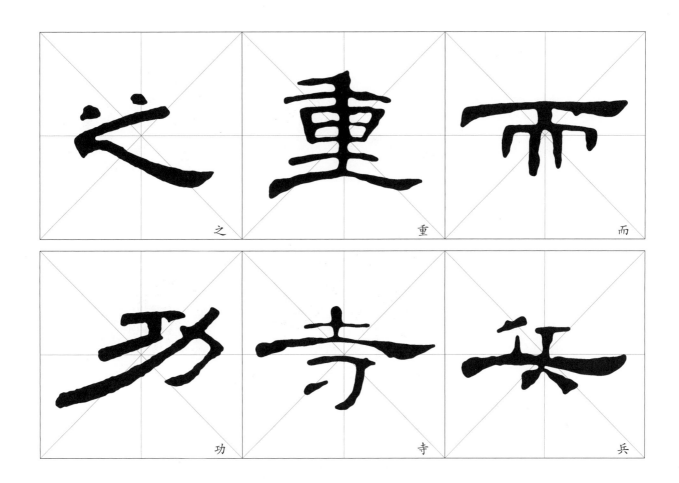

八、因字立形

隶书结构的基本特征是字形扁平，但并不是所有的字都一律压扁，而是要根据每个字的笔画和偏旁情况来安排，灵活掌握，使写出来的字形体或高或扁，或大或小，各有不同。

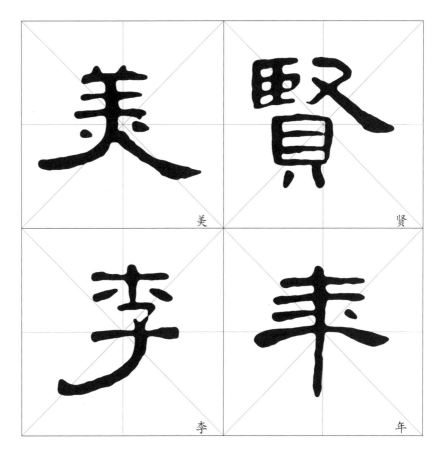

九、偏旁错落

隶书的偏旁讲究借让和舒展，讲究错落有致，富于变化。

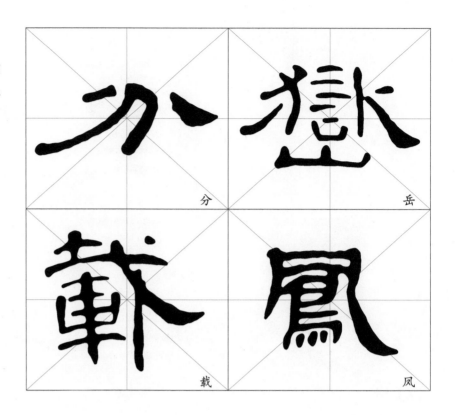

分　岳

载　凤

第二节　字形与字势

汉字主要由点、横、竖、撇、捺、挑、钩、折等构成。这些笔画有主次之分，主要笔画在结构中犹如房屋的梁柱，决定着整个结构的大形、重心和动势，一般由长的笔画构成，如横、竖、撇、捺；次要笔画犹如门、窗、瓦等，起到完善房屋即加强字形、动势和重心的作用，一般由短的点画构成，如点、挑、钩等。

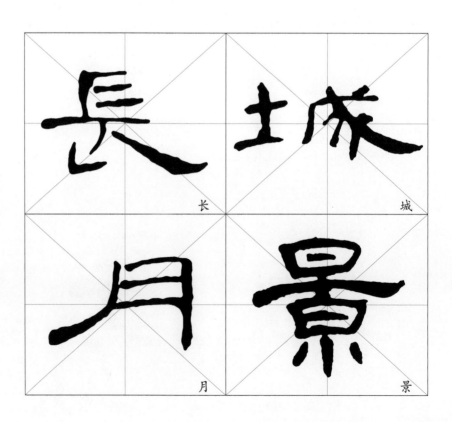

长　城

月　景

汉字的字形总体是四方形，但是经过书写时的艺术加工，出现了各种各样的图形，我们把外部点画连线而成的形状称为外形，把字内密集中心或单独形体叫作内形。内形可以是一个，也可以是多个。

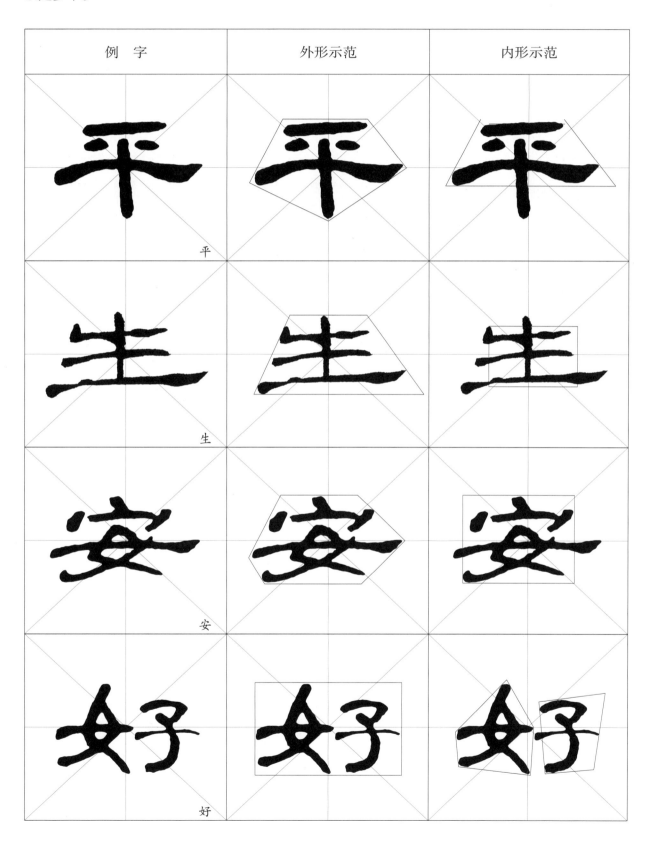

例　字	外形示范	内形示范

字势可分为两种，一种是笔势，是通过点画、形状所暗示出的一种承上启下的发展趋势，它会影响点画的走向、连接位置和次序；另一种是形势，即字的外形，扁平的是横势，长形的是纵势，横竖相当则为方势。隶书结构与用笔有着十分密切的关系。例如"上"字，把横画写得长于竖画，整个字呈横势，把竖画写得比横画长，则整字呈纵势。其他的字莫不如此。同时，字势和用墨也有很大的关系，墨多则重，墨少则轻，墨浓则重，墨淡则轻。

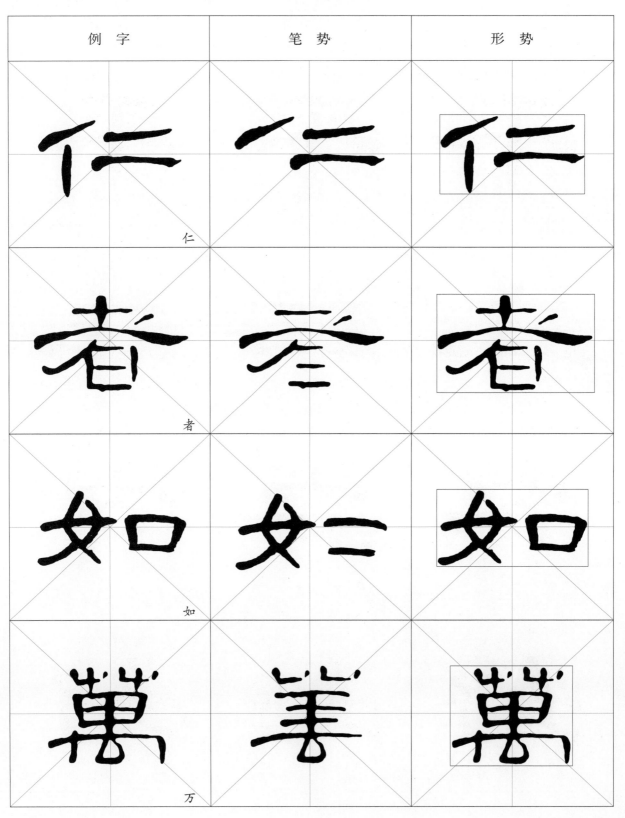

例　字	笔　势	形　势
仁		
者		
如		
万		

46

第 6 章

造字练习

　　每一个碑帖都不可能涵盖所有的汉字，凡临习碑帖，都有入帖和出帖的问题。入帖是指通过对某一家某一帖的临习，对其笔法、字法和章法都有比较深入的理解和把握，对其形质和神韵都能比较准确地领会，也就是说临习得很像了。如果说我们能用前面几章所学的知识和技法把原帖临习得很像了，不仅形似还有点神似了，那就算基本入帖了。出帖则是在入帖的基础上，将所学的知识和技法融会贯通，消化吸收，为我所用，这时候字的形态可能不是很像原帖，但是内在方面仍和原帖有着实际上的师承和亲缘关系，也就是遗貌取神——出帖了。对初学者来说，临习某家或某帖，要先入帖，然后才能谈出帖。入帖和出帖都需要一个过程，有时要反复交叉进行，才能既入得去又出得来。入帖是为了积累，出帖是为了创作。临帖只是量的积累，创作才是质的飞跃。如果说只靠前面几章所学的点画笔法、偏旁部首、间架结构来写，碰到原帖上没有的字仍然感到困惑，难以下笔，那么我们可以通过集字来"造"出所需要的新字。

　　集字是从临帖到创作之间的一座桥梁。集字是指根据所要书写的内容，有目的地收集某家或某帖的字，对于在原帖中无法集选的字，可以根据相关的用笔特点、偏旁部首、结构规则和相同风格进行组合整理，可运用加法增加一些笔画和部件，或者是运用减法减少一些笔画和部件，或者综合运用加减法后移位合并，使之既有原帖字的韵味，又是原帖上没有的字，这样"造"出我们所需要的新字，以便我们在进行创作的时候使用，这就是所谓的"造字练习法"。

　　下面我们根据原帖来做一些积累。

第一节　基本笔画加减法

一、基本笔画加法

季+十——千　　用"季"字首撇加上"十"字，得到"千"字。

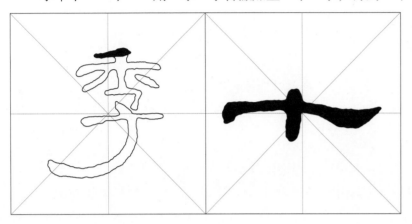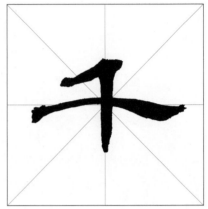

米+三——丰　　用"米"字中竖加上"三"字，得到"丰"字。

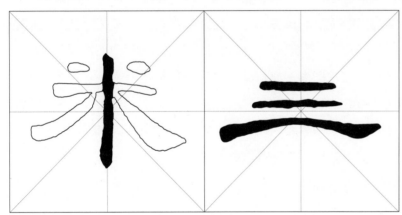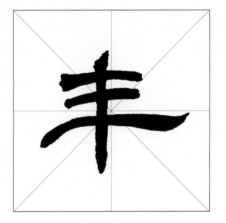

土（圡）+王——玉　　用"圡"字的点加上"王"字，得到"玉"字。

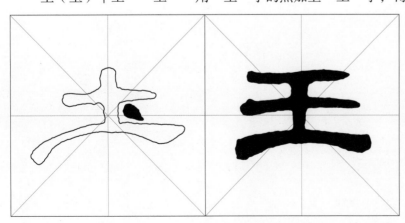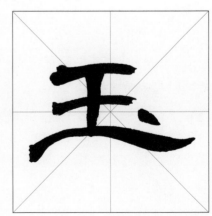

上+仁——止　　用"上"字加上"仁"字的竖画，得到"止"字。

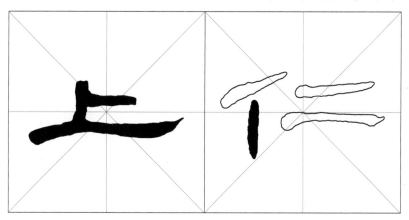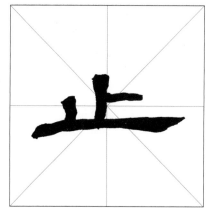

大+程——太　　用"大"字加上"程"字的点，得到"太"字。

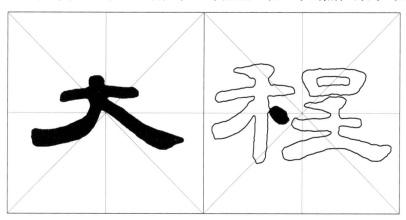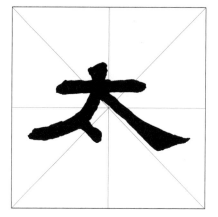

大+讨——犬　　用"大"字加上"讨"字的点，得到"犬"字。

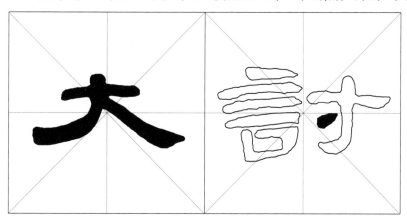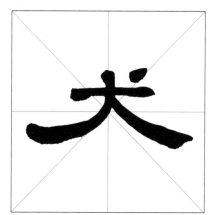

仁＋平——仕　用"仁"字加上"平"字的竖，得到"仕"字。

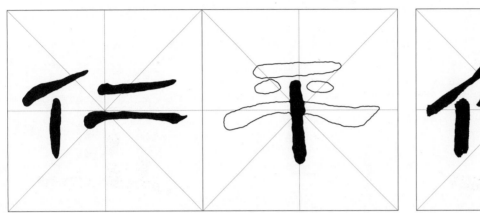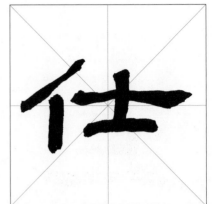

心＋人——必　用"心"字加上"人"字的撇，得到"必"字。

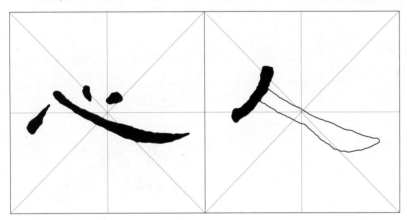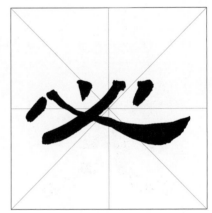

曰＋平——申　用"曰"字加上"平"字的竖，得到"申"字。

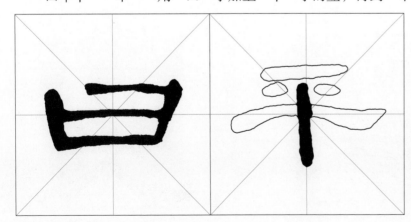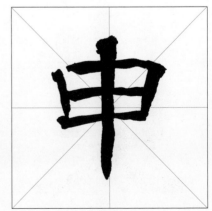

曰＋里——旦　用"曰"字加上"里"字的底横，得到"旦"字。

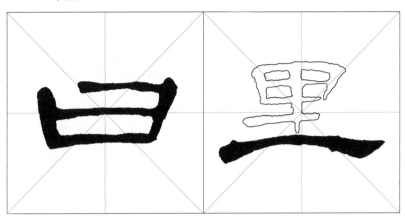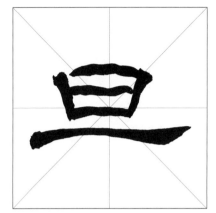

曰＋孔——电　用"曰"字加上"孔"字的竖弯钩，得到"电"字。

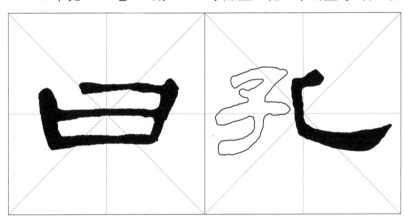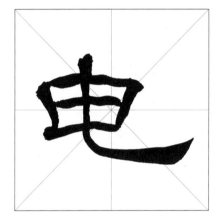

曰＋生——旧　用"曰"字加上"生"字的竖，得到"旧"字。

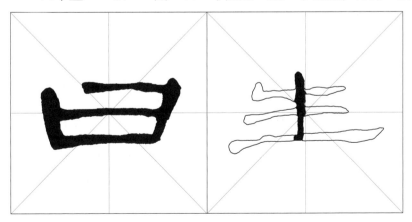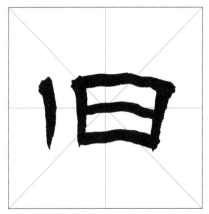

史+生——吏　　用"史"字加上"生"字的中横，得到"吏"字。

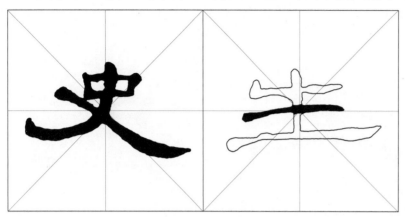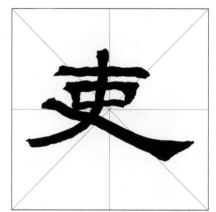

元——无　　　"元"字撇出头接首横，得到"无"字。

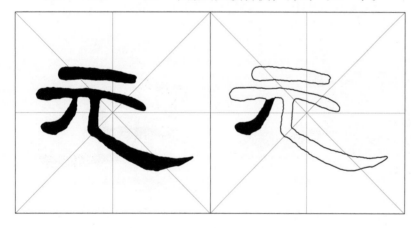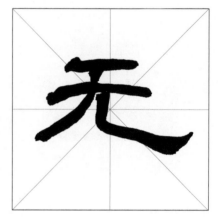

白+共——百　　用"白"字加上"共"字的长横，得到"百"字。

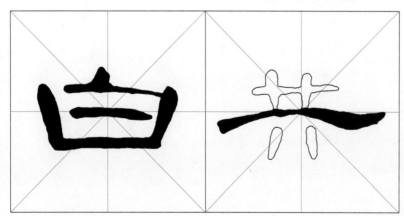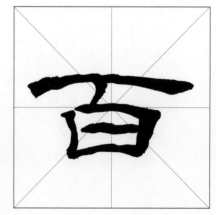

年+二──干　　将"年"字的竖加上"二"字，得到"干"字。

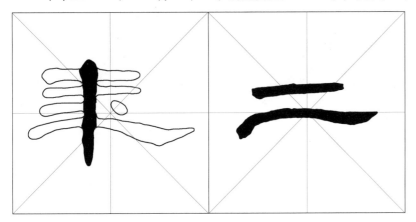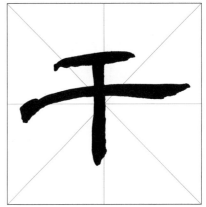

二、基本笔画减法

若──苦
将"若"字的撇改为竖，得到"苦"字。

同──司
将"同"字的左竖去掉，得到"司"字。

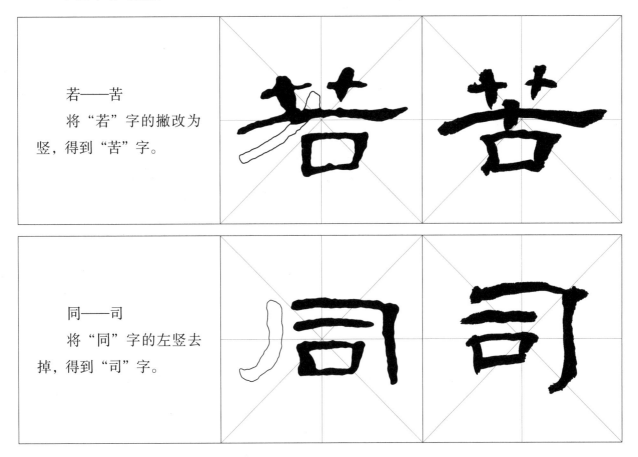

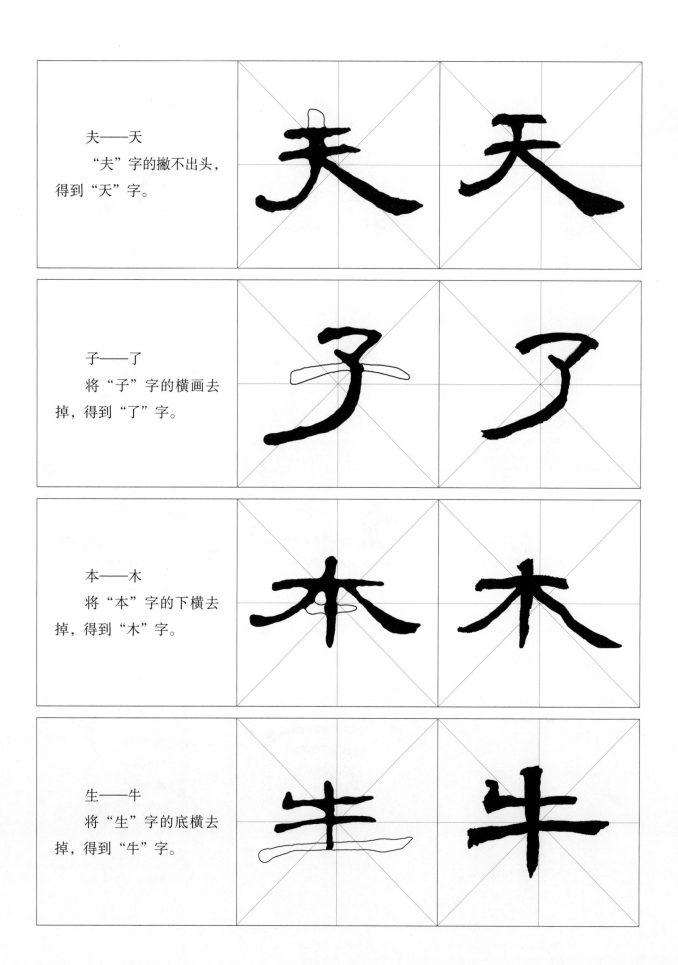

夫——天
　　"夫"字的撇不出头，
得到"天"字。

子——了
　　将"子"字的横画去
掉，得到"了"字。

本——木
　　将"本"字的下横去
掉，得到"木"字。

生——牛
　　将"生"字的底横去
掉，得到"牛"字。

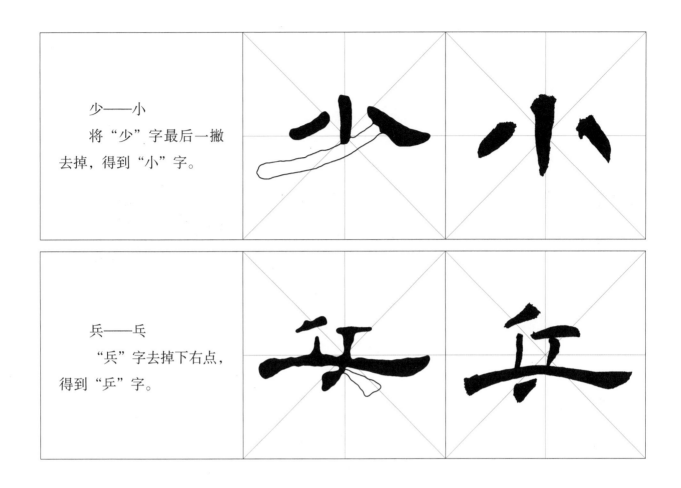

少——小
将"少"字最后一撇去掉，得到"小"字。

兵——乒
"兵"字去掉下右点，得到"乒"字。

第二节　偏旁部首移位合并法

仍+计——什　　将"仍"字左旁与"计"字右旁合并，得到"什"字。

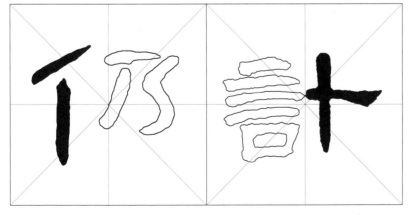
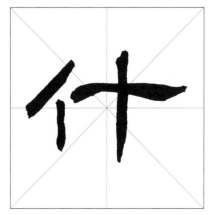

位＋地——他　　将"位"字左旁与"地"字右旁合并，得到"他"字。

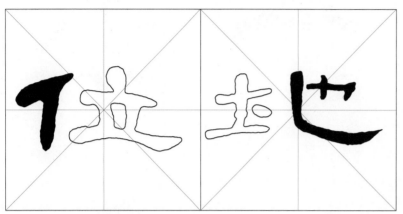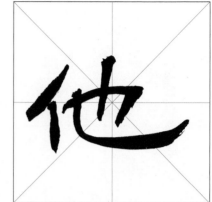

供＋纬——伟　　将"供"字左旁与"纬"字右旁合并，得到"伟"字。

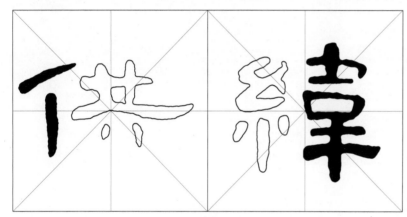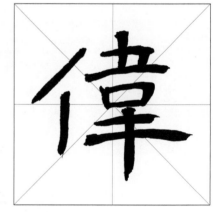

供＋故——做　　将"供"字左旁移到"故"字左边，得到"做"字。

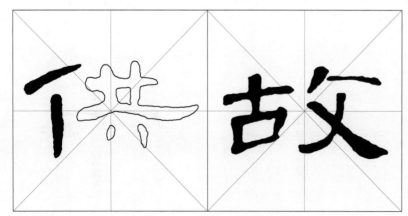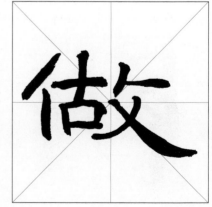

阳＋人——队　　将"阳"字左旁移到"人"字左边，得到"队"字。

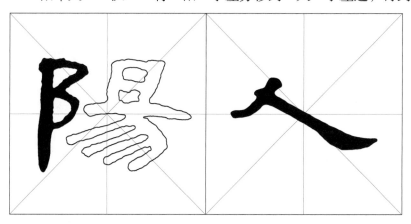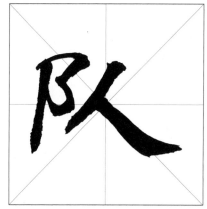

阳＋诸——阳　　将"阳"字左旁与"诸"字"日"部合并，得到"阳"字。

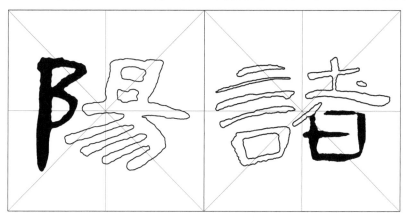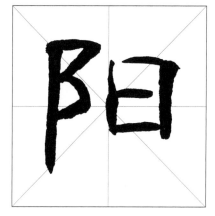

阳＋明——阴　　将"阳"字左旁与"明"字右旁合并，得到"阴"字。

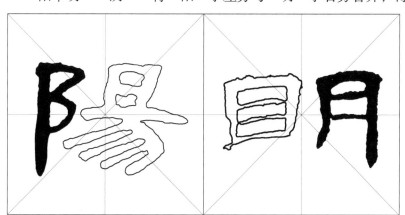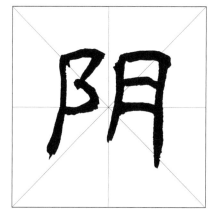

阳+部——陪　　将"阳"字左旁与"部"字左旁合并，得到"陪"字。

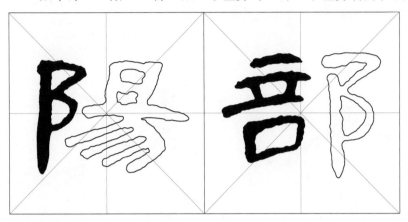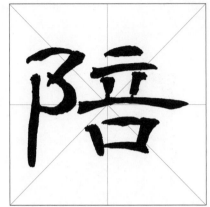

城+平——坪　　将"城"字左旁移到"平"字左边，得到"坪"字。

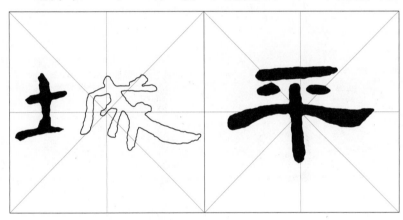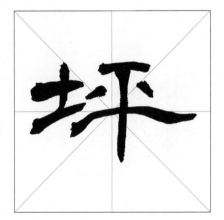

城+同——垌　　将"城"字左旁移到"同"字左边，得到"垌"字。

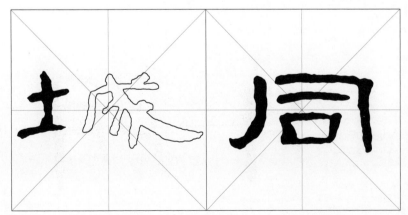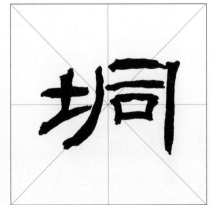

城+者——堵　　将"城"字左旁移到"者"字左边，得到"堵"字。

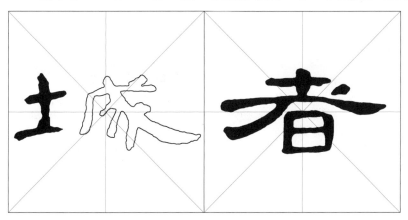 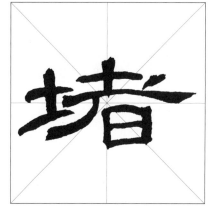

城+及——圾　　将"城"字左旁移到"及"字左边，得到"圾"字。

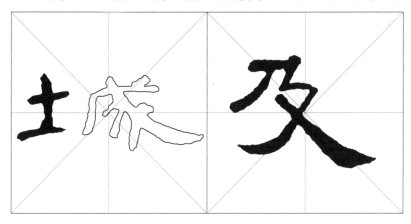 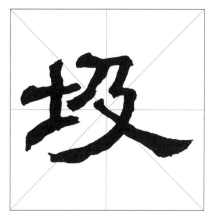

治+同——洞　　将"治"字左旁移到"同"字左边，得到"洞"字。

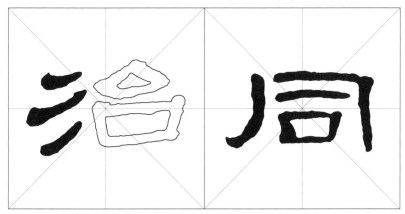 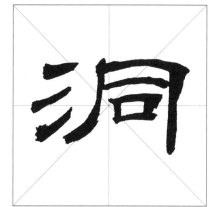

汉＋除——涂　　将"汉"字左旁与"除"字右旁合并，得到"涂"字。

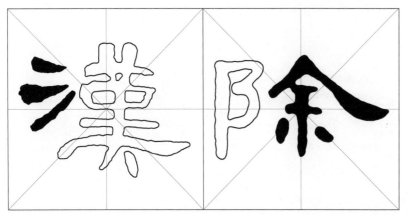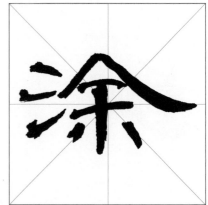

流＋相——湘　　将"流"字左旁移到"相"字左边，得到"湘"字。

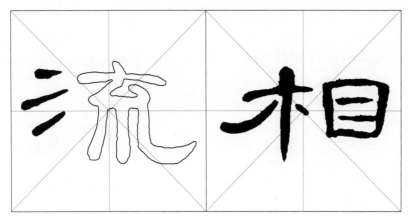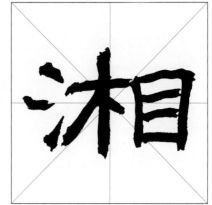

治＋计——汁　　将"治"字左旁与"计"字右旁合并，得到"汁"字。

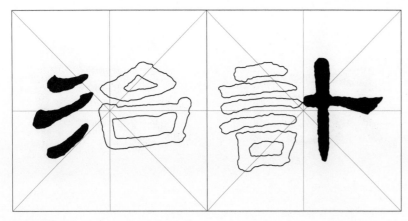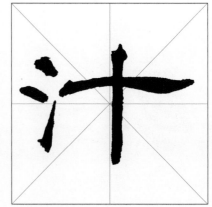

从（從）＋于——行　　将"從"字左旁与"于"字的"亍"部合并，得到"行"字。

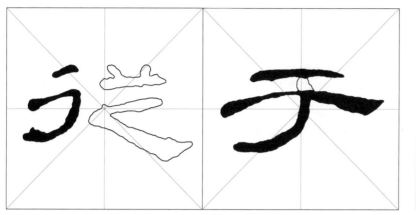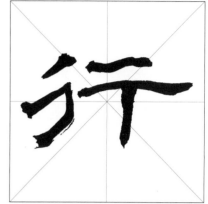

德＋时（時）——得　　将"德"字左旁与"時"字"日"部和"寺"部合并，得到"得"字。

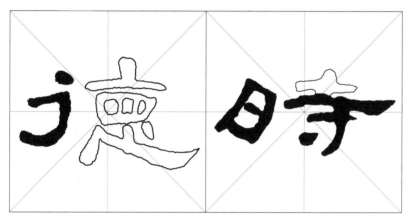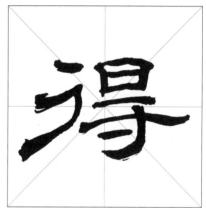

后（後）＋民——很　　将"民"字进行改装移到"後"字左旁的右边，得到"很"字。

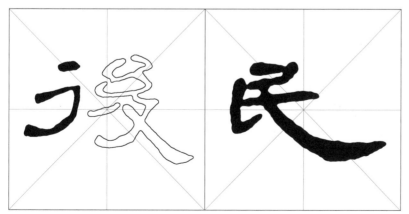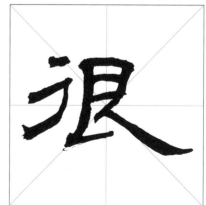

后（後）＋主——往　　将"後"字左旁移到"主"字左边，得到"往"字。

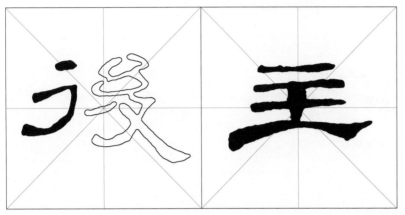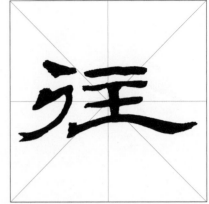

迁＋万——迈　　将"迁"字的"辶"部与"万"字合并，得到"迈"字。

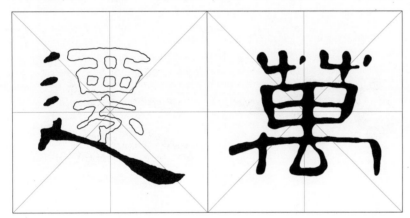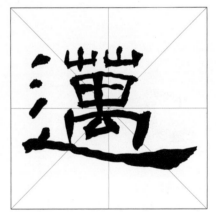

迁＋不——还　　将"迁"字的"辶"部与"不"字合并，得到"还"字。

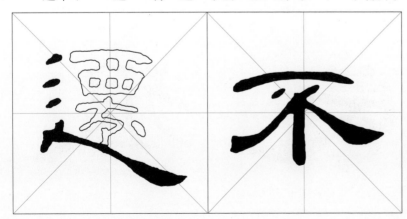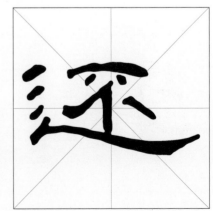

进+先——选　将"进"字的"辶"部与"先"字合并，得到"选"字。

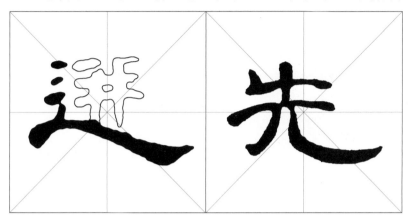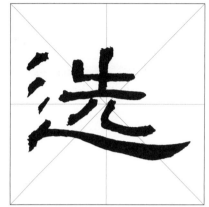

进+元——远　将"进"字的"辶"部与"元"字合并，得到"远"字。

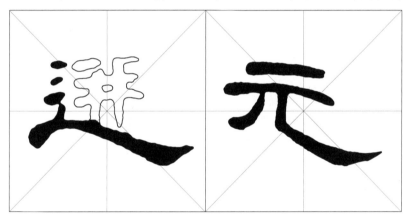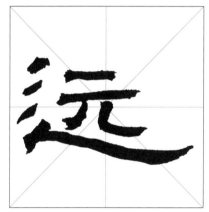

室+副——富　将"室"字上部与"副"字的"畐"部合并，得到"富"字。

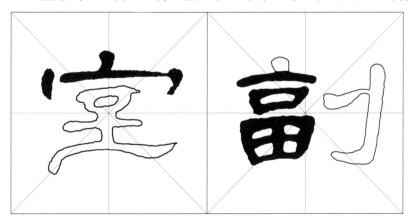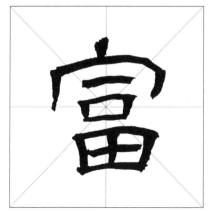

宗+且——宣　　将"宗"字的"宀"部与"且"字的"旦"部合并，得到"宣"字。

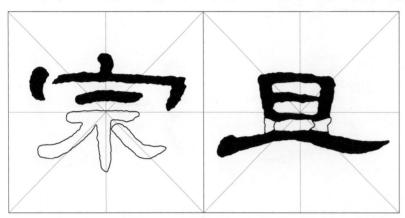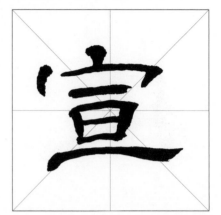

寅+祖——宜　　将"寅"字上部与"祖"字的右旁合并，得到"宜"字。

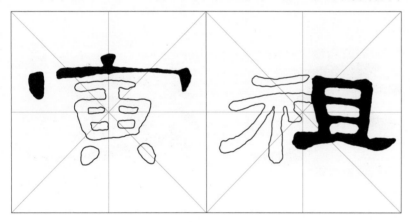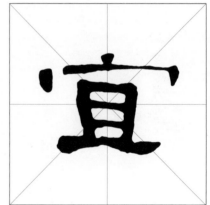

抚+服——报　　将"抚"字左旁与"服"字右旁合并，得到"报"字。

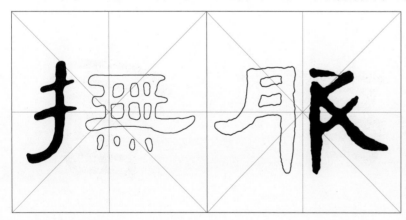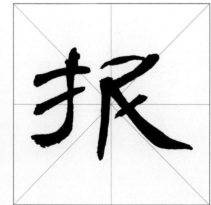

抚+是——提　　将"抚"字左旁移到"是"字左边，得到"提"字。

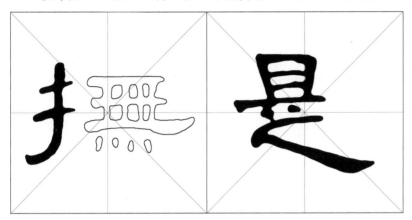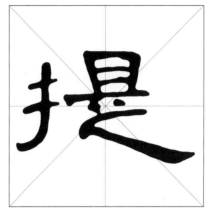

抚+平——抨　　将"抚"字左旁移到"平"字左边，得到"抨"字。

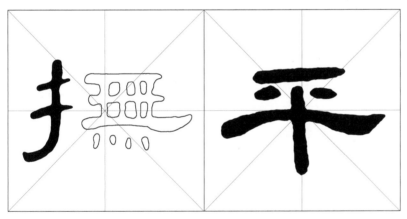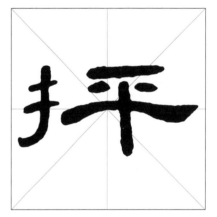

抚+时（時）——持　　将"抚"字左旁与"时"字右旁合并，得到"持"字。

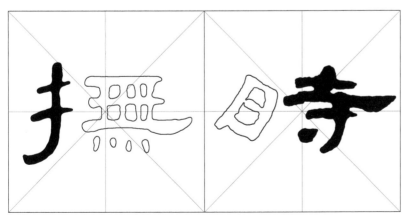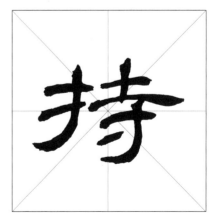

明（眀）＋青——睛　　将"明"字左旁移到"青"字左边，得到"睛"字。

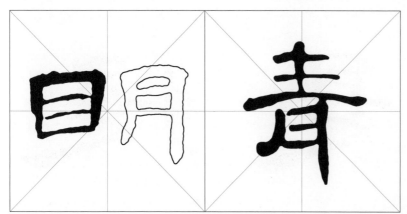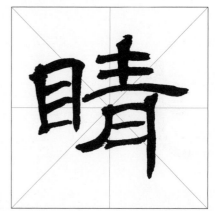

明（眀）＋宁——盯　　将"明"字左旁与"宁"字的"丁"部合并，得到"盯"字。

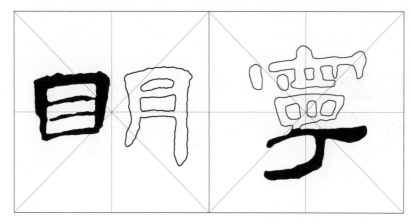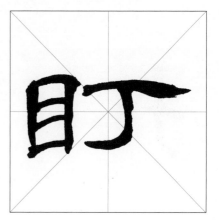

明（眀）＋者——睹　　将"明"字左旁移到"者"字左边，得到"睹"字。

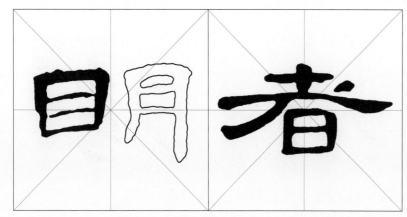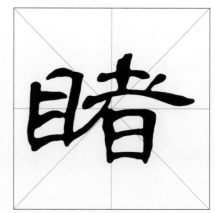

明（朙）＋民——眠　　将"明"字左旁移到"民"字左边，得到"眠"字。

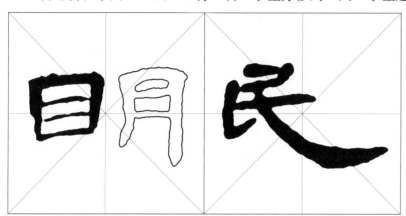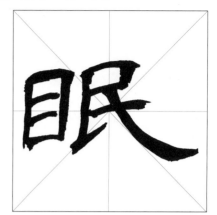

纪＋及——级　　将"纪"字左旁移到"及"字左边，得到"级"字。

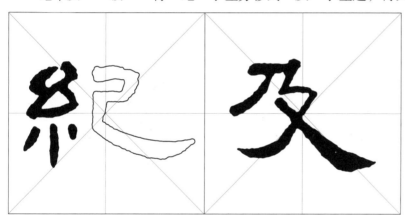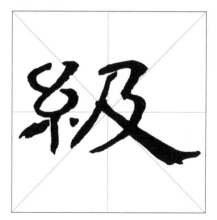

纪＋周——绸　　将"纪"字左旁移到"周"字左边，得到"绸"字。

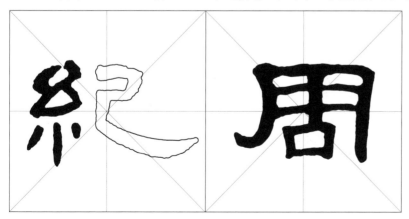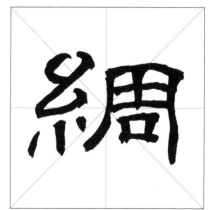

给＋雄——维　将"给"字左旁与"雄"字的"隹"部合并，得到"维"字。

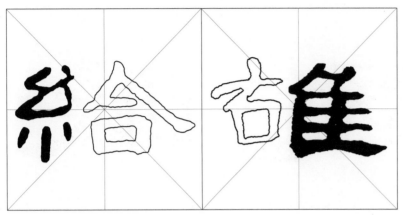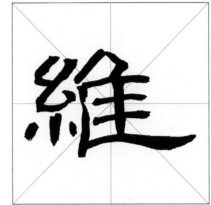

给＋少——纱　将"给"字左旁移到"少"字左边，得到"纱"字。

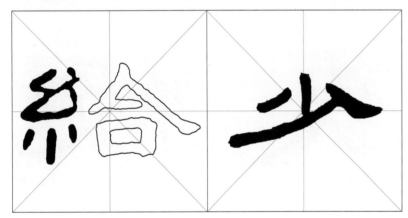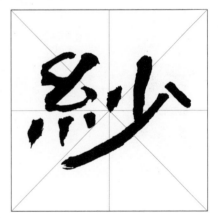

好＋常——嫦　将"好"字左旁移到"常"字左边，得到"嫦"字。

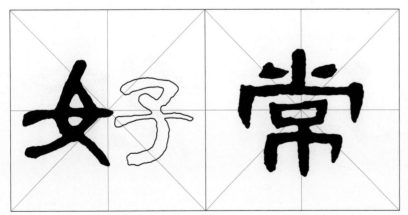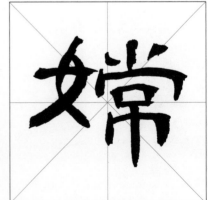

好+治——始　　将"好"字左旁与"治"字右旁合并，得到"始"字。

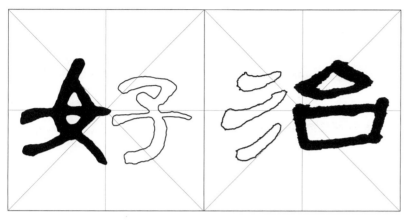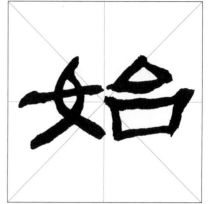

如+家——嫁　　将"如"字左旁移到"家"字左边，得到"嫁"字。

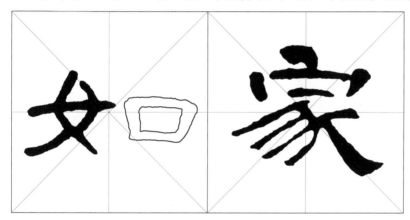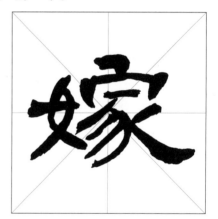

如+祖——姐　　将"如"字左旁与"祖"字"且"部合并，得到"姐"字。

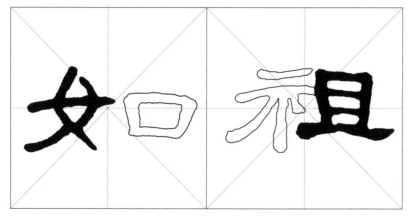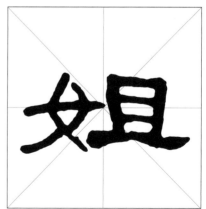

横+其——棋　　将"横"字左旁移到"其"字左边，得到"棋"字。

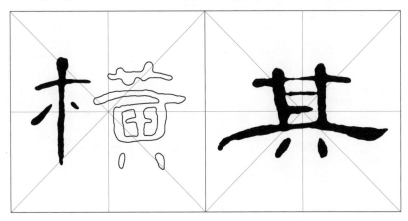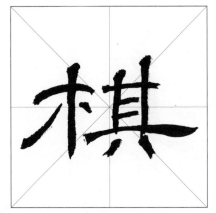

横+风——枫　　将"横"字左旁移到"风"字左边，得到"枫"字。

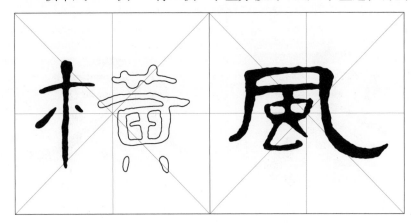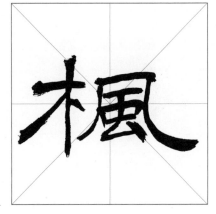

横+不——杯　　将"横"字左旁移到"不"字左边，得到"杯"字。

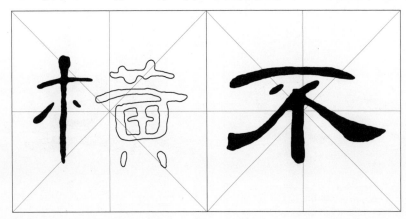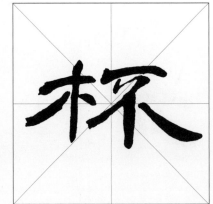

横+守——村　　将"横"字左旁与"守"字的下部合并，得到"村"字。

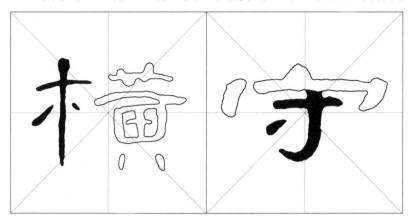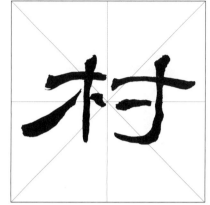

神+斯——祈　　将"神"字左旁与"斯"字右旁合并，得到"祈"字。

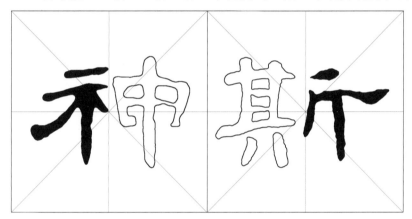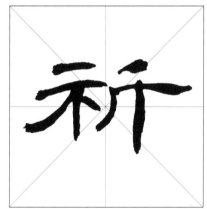

祖+司——祠　　将"祖"字左旁移到"司"字左边，得到"祠"字。

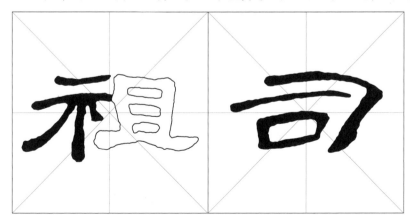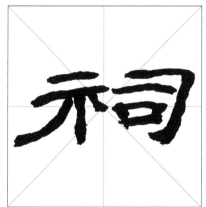

福＋郭——祁　将"福"字左旁与"郭"字右旁合并，得到"祁"字。

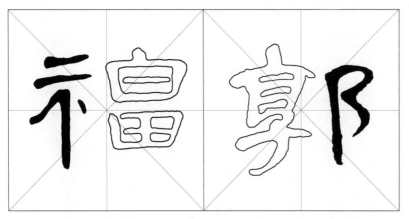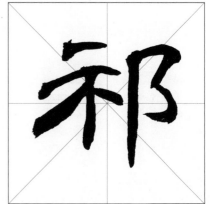

礼＋乱——礼　将"礼"字左旁与"乱"字的"乚"部合并，得到"礼"字。

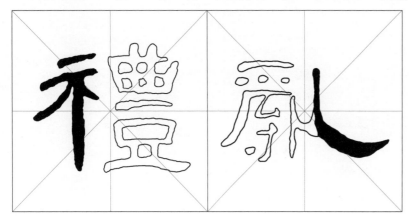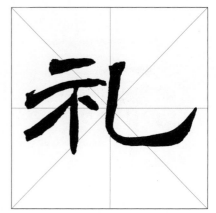

室＋刊——到　将"室"字下部与"刊"字右旁合并，得到"到"字。

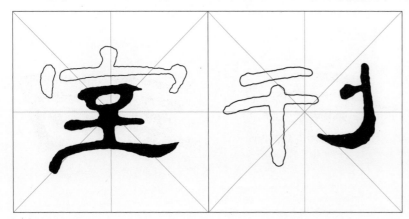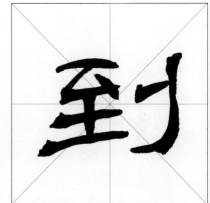

颖＋刊——则　　将"颖"字的"贝"部与"刊"字右旁合并，得到"则"字。

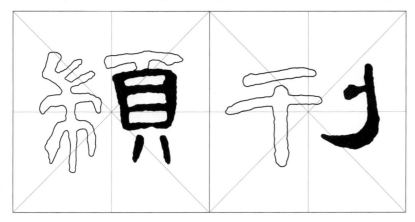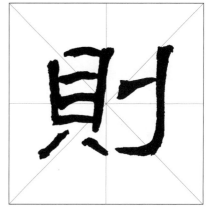

福＋别——副　　将"福"字的右旁与"别"字的右旁合并，得到"副"字。

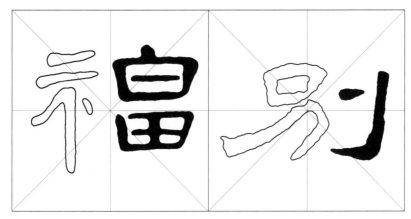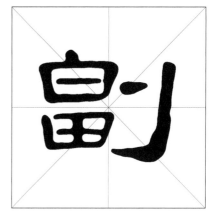

害＋别——割　　将"害"字移到"别"字右旁的左边，得到"割"字。

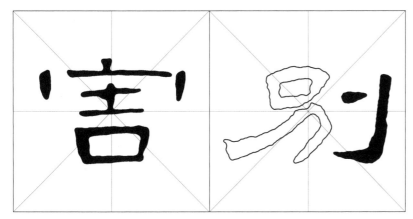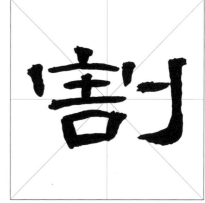

孝＋政——教　　将"孝"字移到"政"字右旁的左边，得到"教"字。

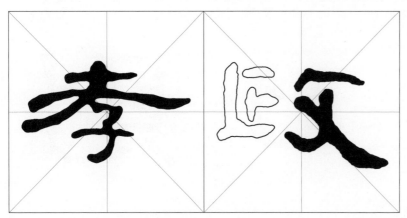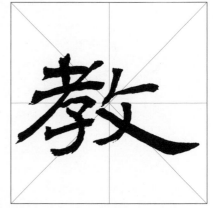

理＋收——玫　　将"理"字左旁与"收"字右旁合并，得到"玫"字。

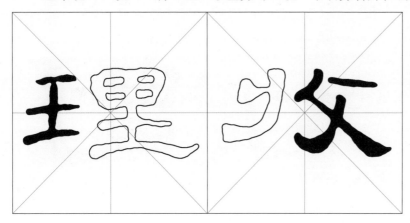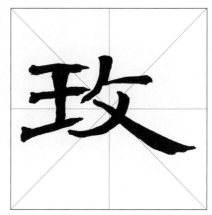

孙＋敬——孜　　将"孙"字左旁与"敬"字右旁合并，得到"孜"字。

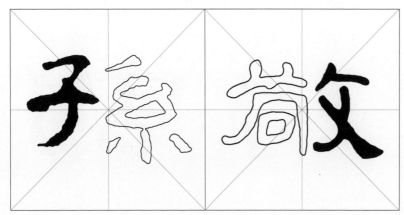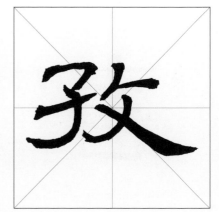

贼＋敏——败　　将"贼"字左旁与"敏"字右旁合并，得到"败"字。

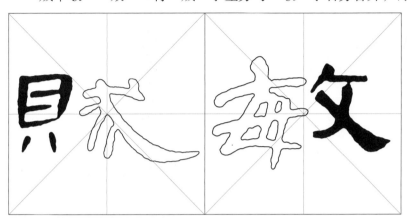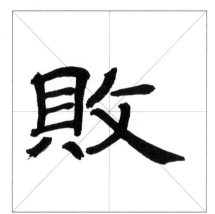

或＋惠——惑　　将"或"字移到"惠"字"心"部的上方，得到"惑"字。

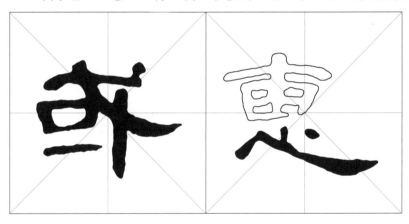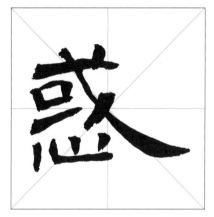

中＋惠——忠　　将"中"字移到"惠"字"心"部的上方，得到"忠"字。

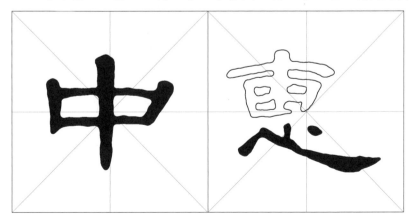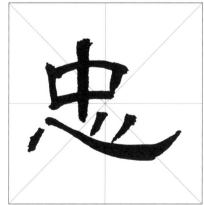

若+意——惹　　将"若"字移到"意"字"心"部的上方，得到"惹"字。

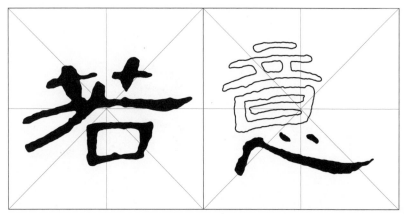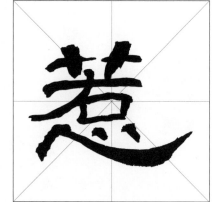

沾+无（無）——点　　将"沾"字右旁与"無"字的"灬"部合并，得到"点"字。

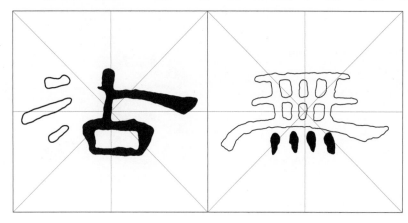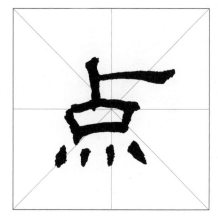

重+无（無）——熏　　将"重"字移到"無"字"灬"部上方，得到"熏"字。

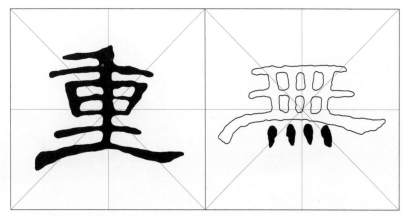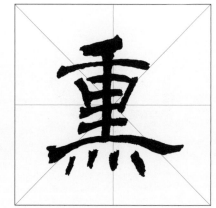

者+无（無）——煮　　将"者"字移到"無"字的"灬"部上方，得到"煮"字。

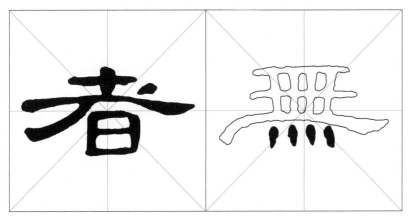

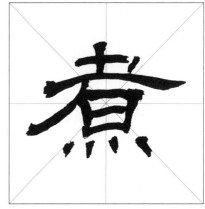

第三节　根据原帖风格造字法

我们在临习和创作的时候会遇到这种情况，我们所需要的字原帖上没有，用前述两种方法也找不到合适的字，这时我们可以根据原帖风格来"造"出我们所需要的字。

一、有斜钩的字

我们可以从原帖中找出几个有斜钩的字来做分析。

以"岁（崴）"字为例。先在字的右边画一条垂直线，并将垂直线向左移动到上部横画右端停下；接着在字的下方画一条水平线，将水平线向上移动到短竖的下端停下。我们发现，斜钩就从这两条线的相交处向右下方伸展。"峨、哉"两字也是这个特点。这也就是《曹全碑》中有斜钩的字的基本特点。不过有例外，例如"威"字的"女"部和短竖要低于斜钩的下端，斜钩从相交处的右上方伸展。

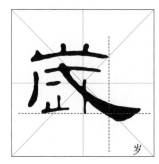 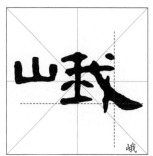 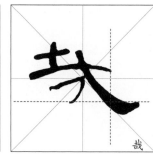 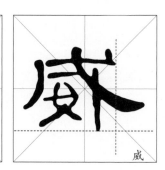

岁　　峨　　哉　　威

二、有走之底的字

以"远、迁"等字为例。先在字的右方画一条垂直线，向左移动到字的横画右端点停下来；接着在字的下方走之底的捺画的起笔处画一条水平线，与竖直线相交。

我们可以发现其特点，走之底的尾部要从这个相交处或者其偏下方向右下方伸展，一波三折而过。

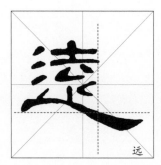 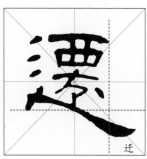 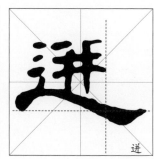 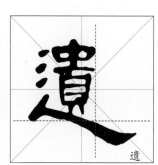

远　　迁　　进　　遗

有鉴于此,下面我们就来"造"出含走之底的简化字。我们没有画上线条,读者可以随机训练,自己画一画,以加深印象和理解。

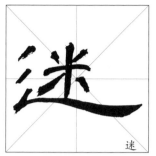
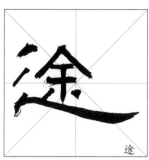
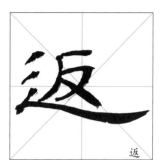
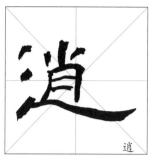

三、有心字底的字

用同样的方法来分析,我们会发现"心"字的卧钩是从横竖两条线的交叉处向右方伸展。

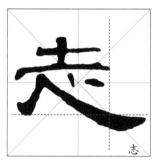
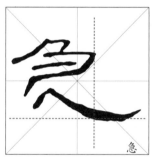
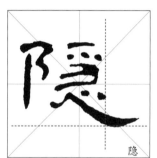
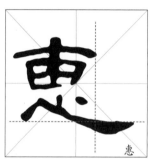

举一反三,其他类型的字我们也都可以通过分析来找出其结构特点,从而根据结构规律和风格特点"造"出我们所需要的字来。下面这些字我们没有画上线条,读者可以随机训练,自己画一画,以加深印象和理解。

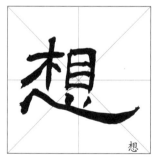
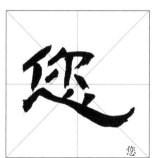
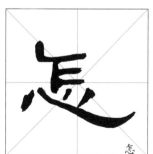
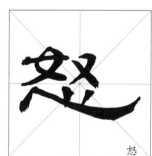

第7章

集字与创作

　　章法的传统格式主要有中堂、条幅、横幅、楹联、斗方、扇面、长卷等。这里以中堂为例介绍章法的传统格式。中堂是书画装裱中直幅的一种体式，以悬挂在堂屋正中壁上得名。中国旧式房屋楼板很高，人们常在客厅（堂屋）中间的墙壁挂一幅巨大的字画，称为中堂书画，是竖行书写的长方形的作品。一幅完整的中堂书法作品其章法包含正文、落款和盖印三个要素。

　　首先，正文是作品的主体部分，内容可以是一个字，如福、寿、龙、虎等有吉祥寓意的大字；也可以是几个字，如万事如意、自强不息、家和万事兴；还可以是一段文字或一篇文章，如《岳阳楼记》《兰亭序》；等等。也有悬挂祖训、格言、名句或者人物肖像、山水画、花鸟画的。尺寸一般为一张整宣纸（分四尺、五尺、六尺、八尺等）。传统中堂的写法，如果字数较多要分行书写，一般从上到下竖行排列，从右至左书写。首行不需空格，首字应顶格写；末行不宜写满，也不应只有一个字，末字下应留有适当空白。作品一般不用标点，繁体字与简化字不要混合使用。书写文字不可写满整张纸面，四周适当留出一定的空白，形成白色边框。字与字之间也应适当留空。不同的书体，其留白的形式也有区别。楷书、行书和篆书的字距小于行距，行距小于边框，以显空灵。隶书的字距大于行距。草书变化最大，有时字距大于行距，有时行距又大于字距，但是要留足边框。总之要首尾呼应，字守中线。一幅作品的正文的第一个字与最后一个字，即首字与末字，应略大或略重于其他字。首字领篇，末字收势，极为重要。作品中的每一个字都有一定的大小、轻重及形状，不可强求完全相同，要注意大小相宜，轻重适度，整体协调，字大款小，字印相映。

　　其次，落款是说明正文的出处，馈赠的对象，作者的姓名、籍贯，创作的时间、地点或者创作的感受等。落款源于"款识"，原本是青铜器上的铭文对浇铸缘由的说明，后沿用为对书画作品作者及内容的说明。落款分为上下款，作者姓名称为下款，书作赠送对象称为上款。上款一般不写姓只写名字，以示亲切，如果是单名，则姓名同写。在姓名下还要写上称谓，一般称"同志""先生"，在下面写"正之""正书""指正"或"嘱书""嘱正""雅正""惠存"等。上款可写在书作右上方或正文结束之后，但必须在下款的上方，以示尊敬。落款一般不与正文齐平，可略下些，字比正文小些。时间可以用公元纪年，也可以用干支纪年。篆书、隶书、楷书作品可用楷书或行书来落款，特别是用行书来落款，还可取得变化的效果。行书作品可用行书或草书来落款，但不要相反，即正文宜静态，落款宜动态。

最后，盖印。印章通常有姓名章和闲章两类。姓名章又叫名章，名章以外的印章都叫闲章。闲章的内容可以是名言佳句、书斋号、雅号或生肖之类。姓名章与款字大小相适，一般略小于款字，印盖于落款的下面，若用两方，则两方印章之间空一方印章的位置。闲章形式多样，可大可小，一般印盖于正文首字旁边的叫起首章（启首章），盖于中间部位的叫腰章，盖于角落的叫压角章。盖印的目的一是取信于人，二是给作品以锦上添花、画龙点睛之妙。一幅成功的中堂书法作品，是正文、落款和盖印三方面内容的有机结合，即处理好字与字、行与行的对比调和关系，使作品的黑与白、有与无、虚与实、动与静、阴与阳得到和谐的解决。

1. 中堂

用整张宣纸书写，适宜挂在厅堂的中央，故叫中堂。正文占主体，从右上开始写，不用低格；启首章在第一、第二字之间，内容可以是名言佳句或书斋号等；落款介绍正文出处、创作时间等，字稍小些，可用与正文一致的书体，也可用行书。落款与印不超过正文的底线。

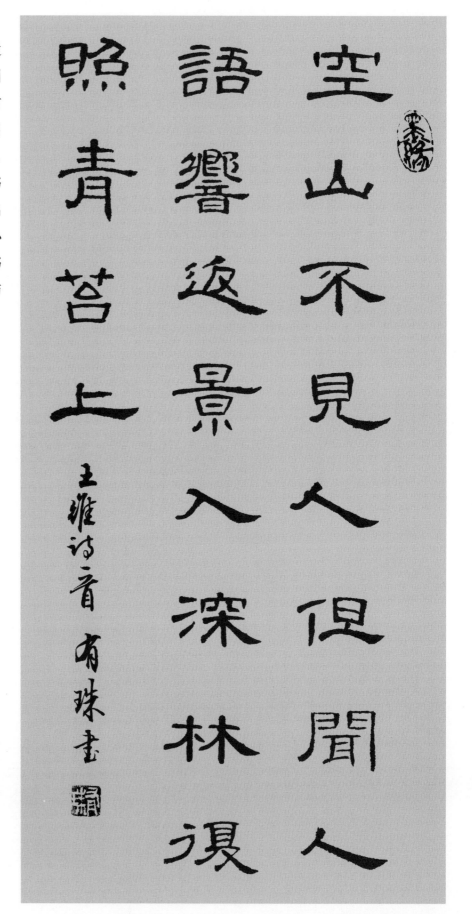

释文：

空山不见人

但闻人语响

返景入深林

复照青苔上

隶书的章法特点是字与字的距离较大，行与行的距离较小。印章可以起到取信于人的作用，还可以起到平衡作品的作用，用印的多少要以"太极"为准，整体考虑作品的阴阳和谐。

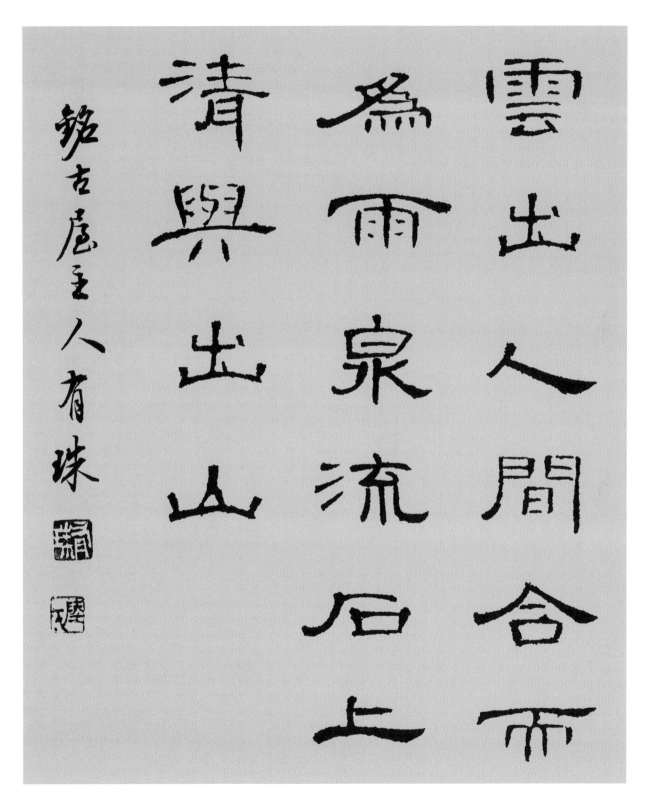

释文：云出人间合而为雨　泉流石上清与出山

给别人写书法作品，将索书人的名字写上，叫上款，一般是索书者＋称谓＋敬词，称谓要符合对方身份，如先生、同志、同学等，敬词为指正、教正、雅正、留念等，注意将别人的名字写在高上之处，以示对别人的尊重。

文武同学留念

寒雨連江夜入吴平明送

客楚山孤洛陽親友如相

問一片冰心在玉壶

唐诗一首乙酉之春有珠集字

释文：

寒雨连江夜入吴

平明送客楚山孤

洛阳亲友如相问

一片冰心在玉壶

2. 条幅

是长条的书法形式，成组的条幅叫条屏。可在正文下方落款，也可在正文左方落款。

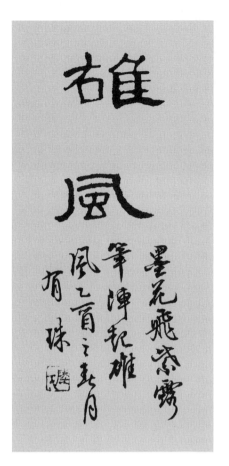

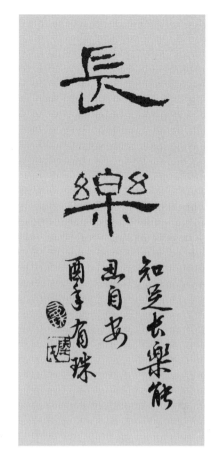

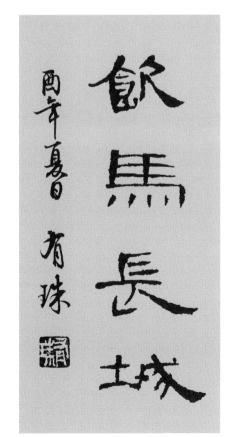

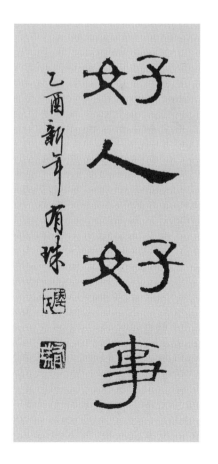

释文：

长乐

雄风

好人好事

饮马长城

3. 横幅

也叫横披，其宽度大于高度。如果连接几张横幅写成一个书法作品，叫长卷或手卷。

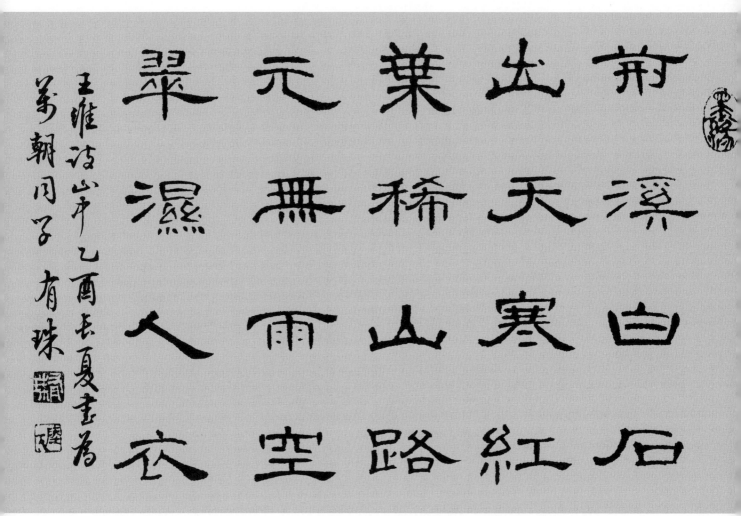

释文：

荆溪白石出

天寒红叶稀

山路元无雨

空翠湿人衣

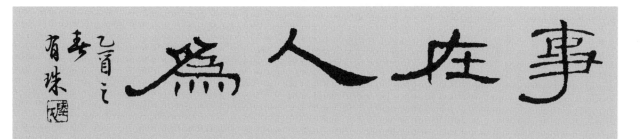

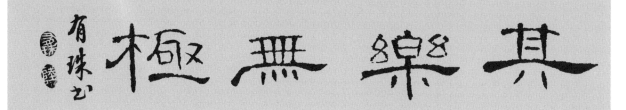

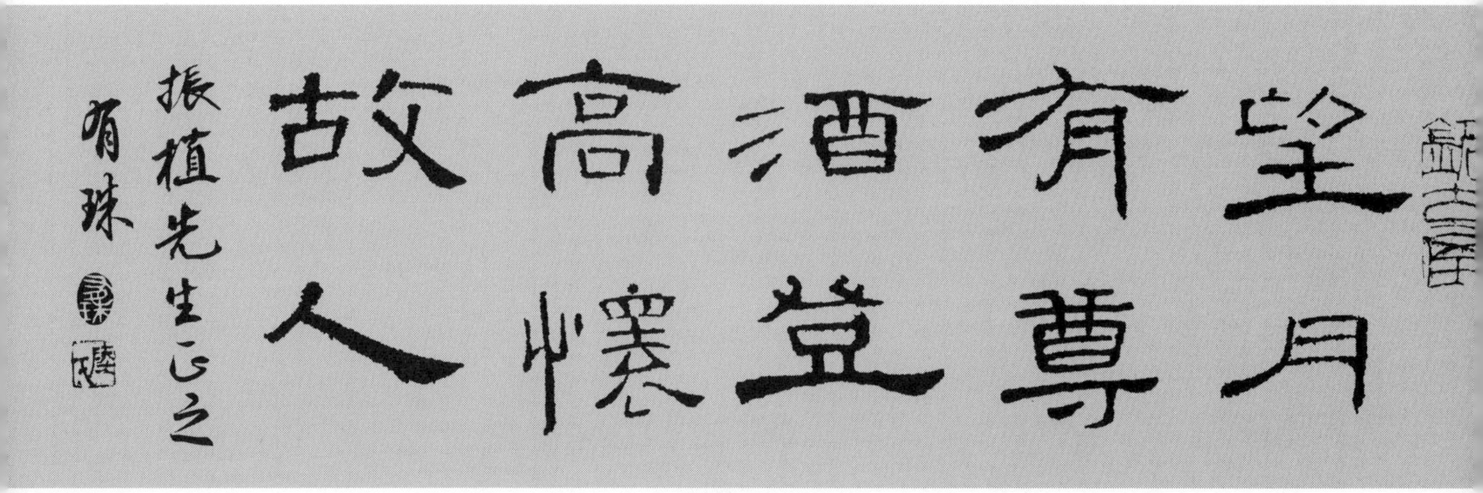

望月有尊酒　登高懷故人

振植先生正之　有珠

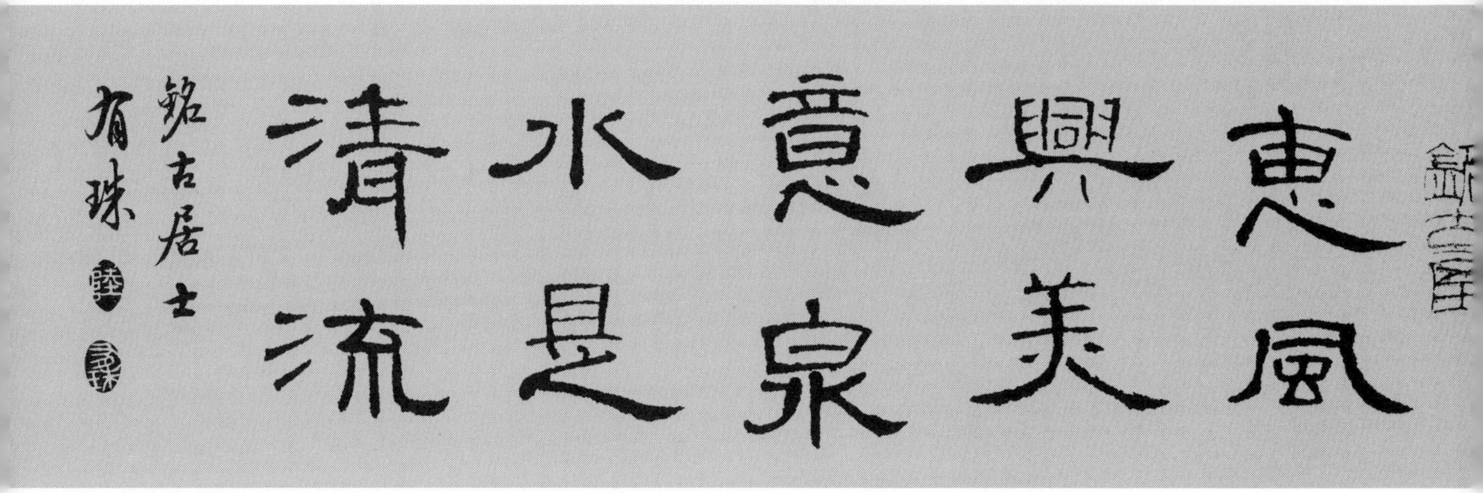

惠風興美意　泉水是清流

銘古居士　有珠

釋文：

望月有尊酒　登高怀故人

惠风兴美意　泉水是清流

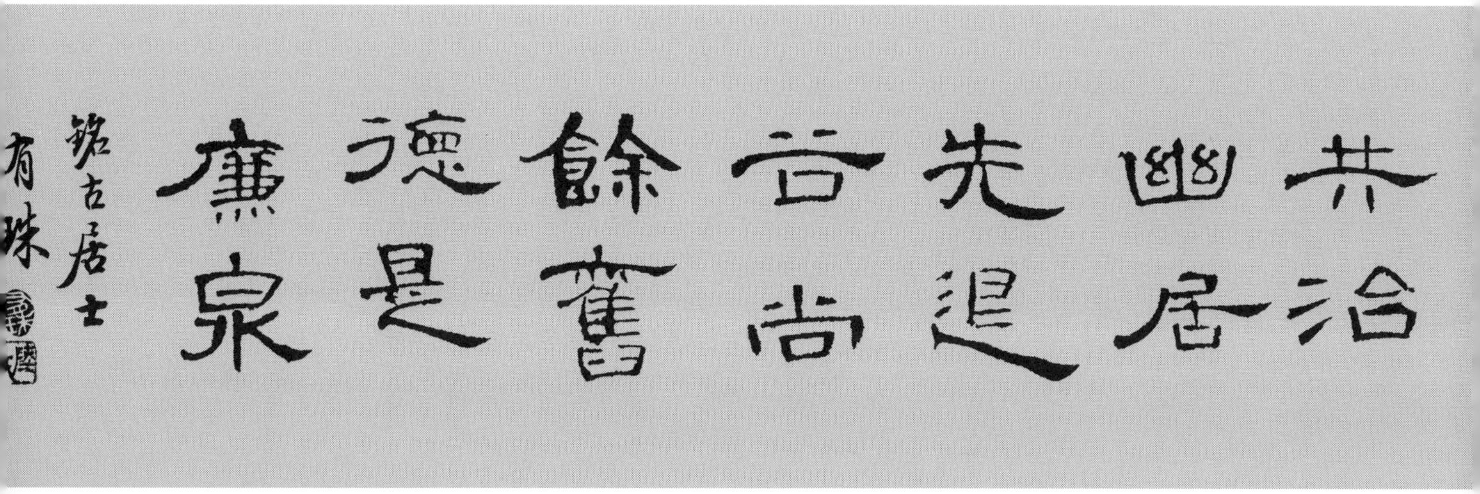

共治幽居先退谷　尚餘舊德是廉泉

銘古居士

有珠

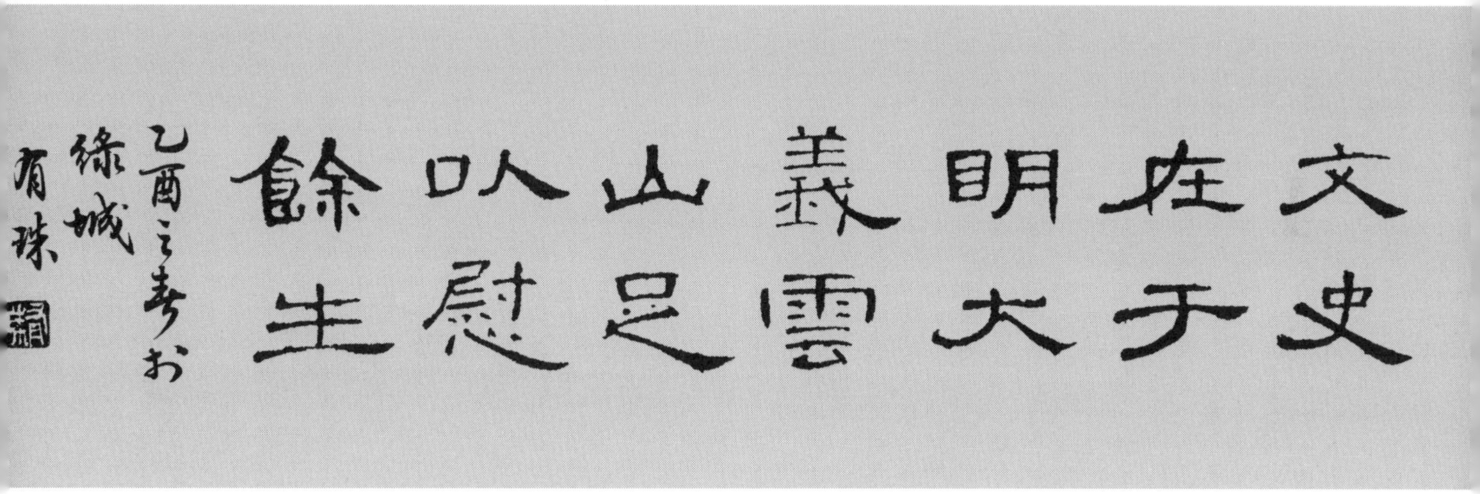

文史在于明大義　山雲足以慰餘生

乙酉三春於徐城

有珠

释文：

共治幽居先退谷　尚余旧德是廉泉
文史在于明大义　云山足以慰余生

横幅书法用上平下不齐的形式，别具一格。

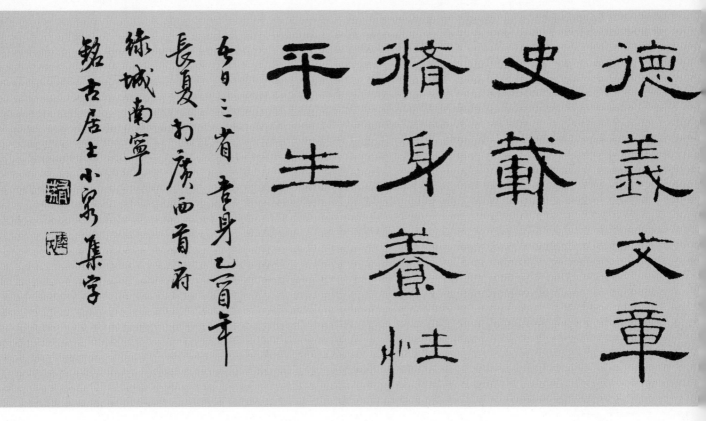

释文：

言之高下在于理　道无古今维其时

德义文章史载　修身养性平生

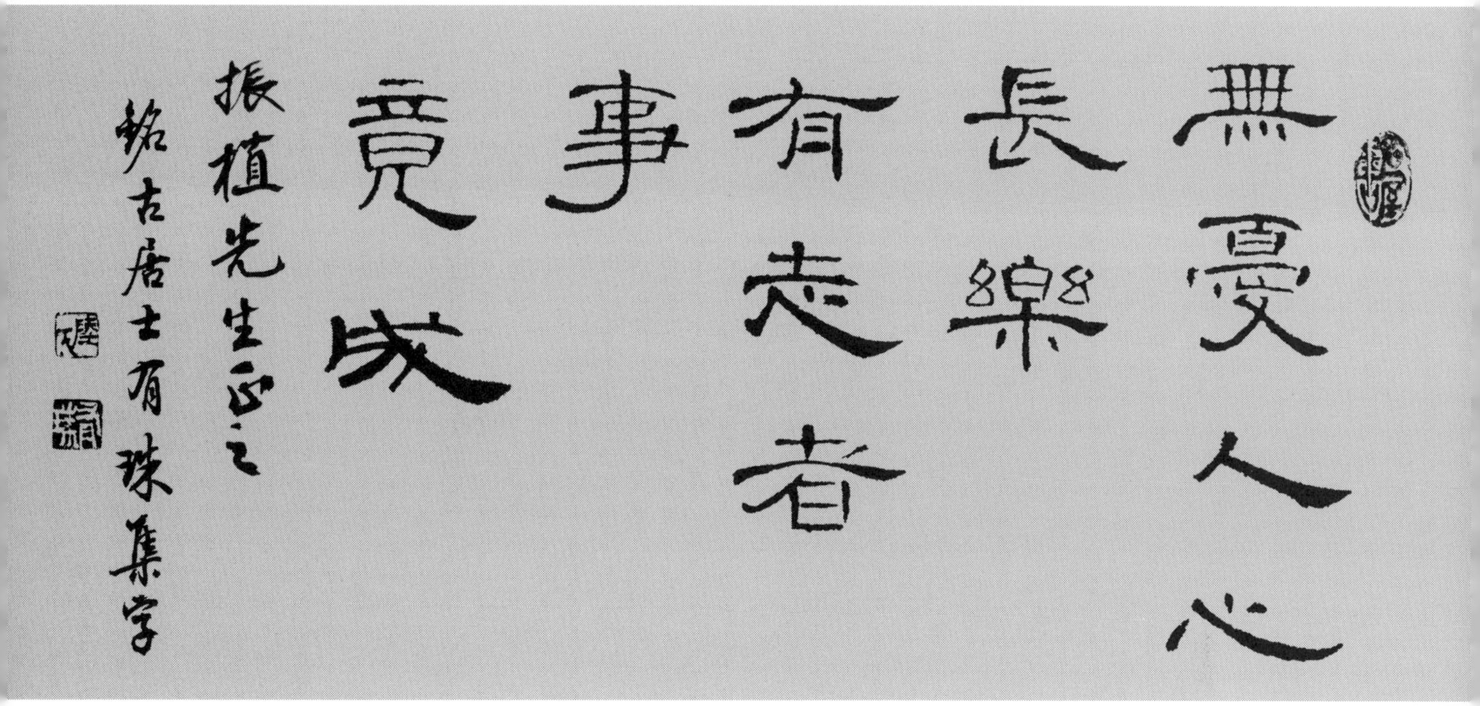

無憂人心
長樂
有志者
事
竟成

振植先生正之
貽古居士有珠集字

如果正文写完后，可落款的地方太小，只够落个名字或盖印，这种款叫作"穷款"。

度 在 使 延 時 秦
陰 不 龍 人 閞 時
山 教 城 未 萬 明
　 胡 飛 還 里 月
　 馬 將 但 長 漢

釋文：

秦时明月汉时关

万里长征人未还

但使龙城飞将在

不教胡马度阴山

4. 斗方、册页

纸幅为正方形或近似正方形的小幅作品，叫斗方，如下方的《听泉》。

把斗方装订成册，合起来表现一个更大更完整的内容，叫册页。

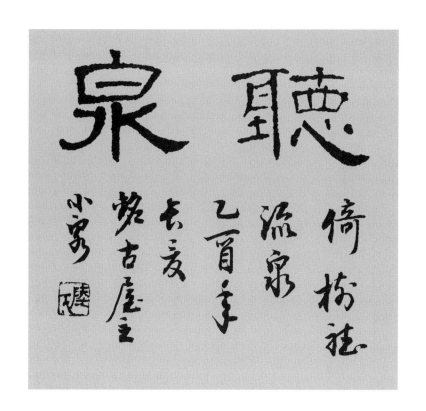

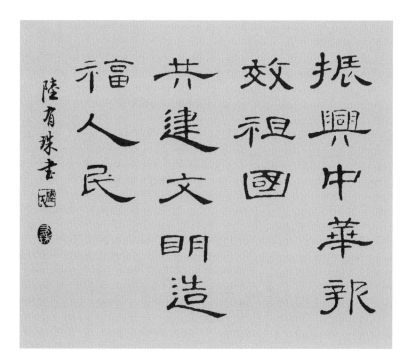

释文：

听泉

振兴中华报效祖国
共建文明造福人民

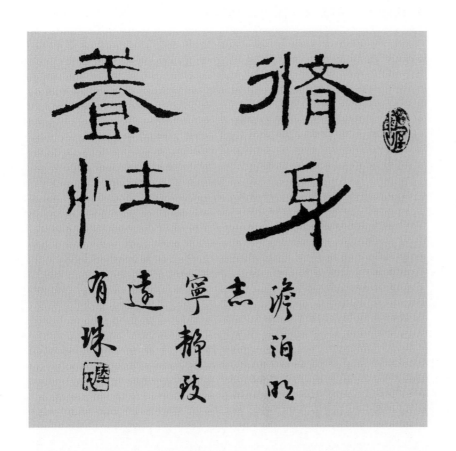

修身養性

淡泊明志　寧靜致遠

有珠

諸子百家不分門戶

名山大川各效文章

乙酉長夏 銘古居士有珠

94

5. 对联

由字数相等，词性相同，内容相应、相反或相关的对偶句组成的书法作品叫对联，也叫对子。

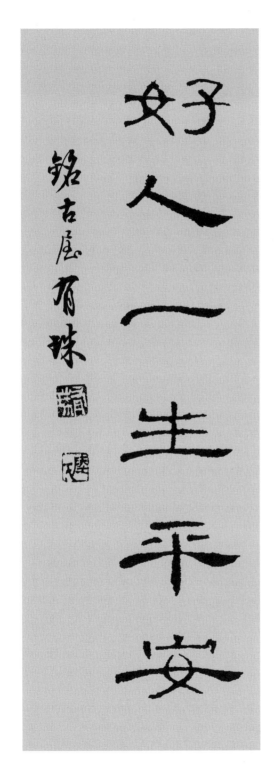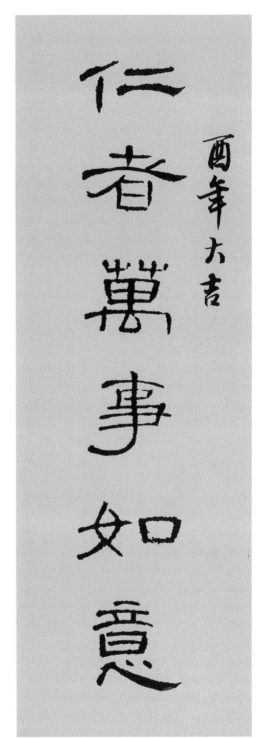

释文：仁者万事如意　好人一生平安

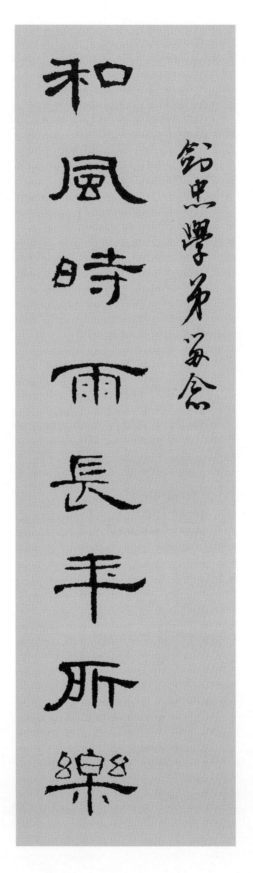

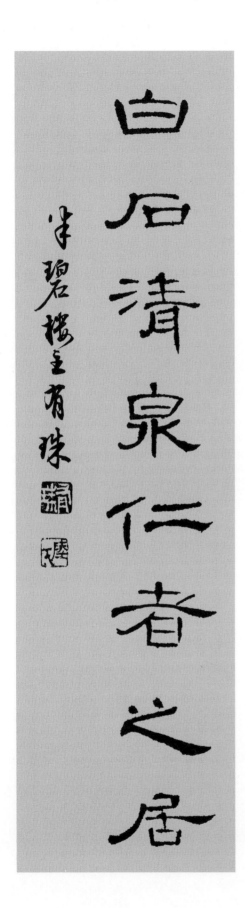

释文：和风时雨长年所乐　白石清泉仁者之居

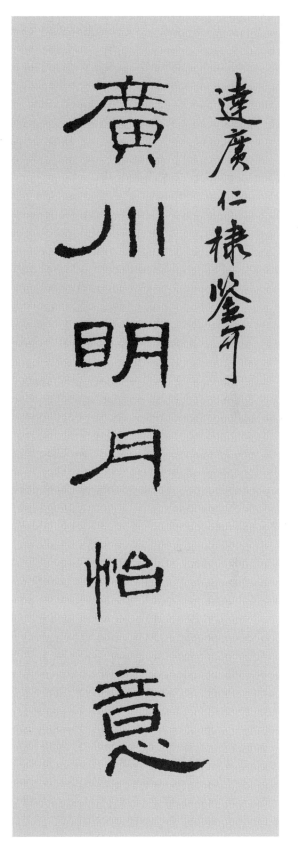

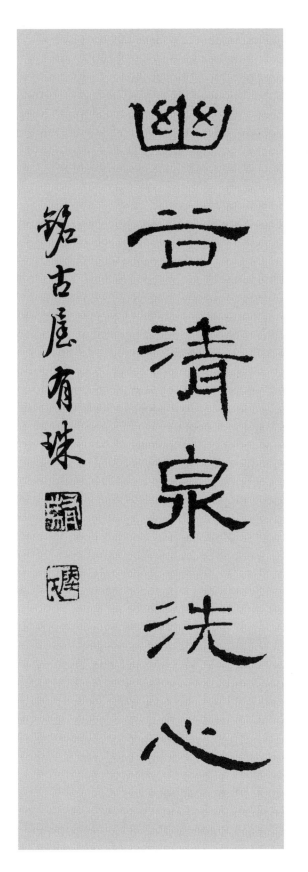

释文：广川明月怡意　幽谷清泉洗心

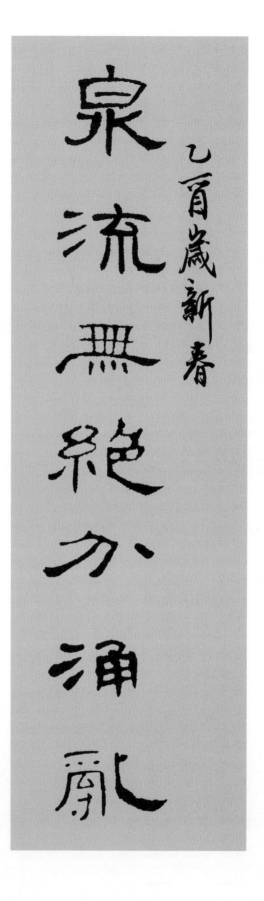

释文：泉流无绝分涌乱 枝叶扶疏出墙开

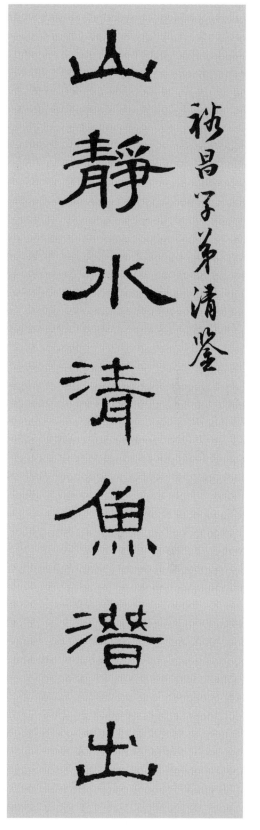

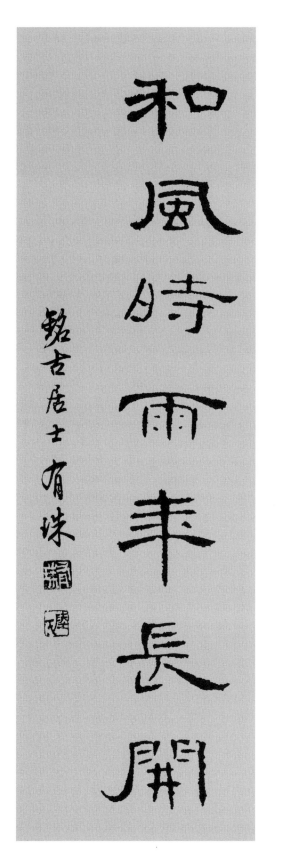

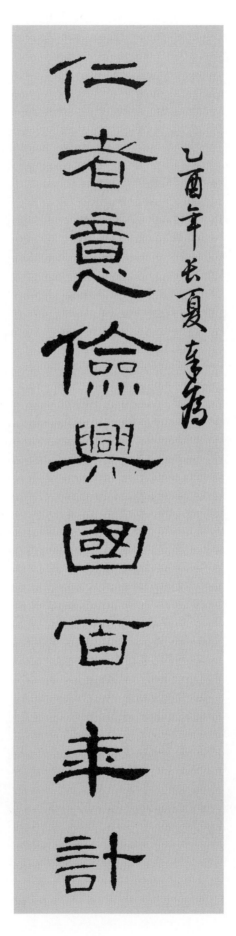

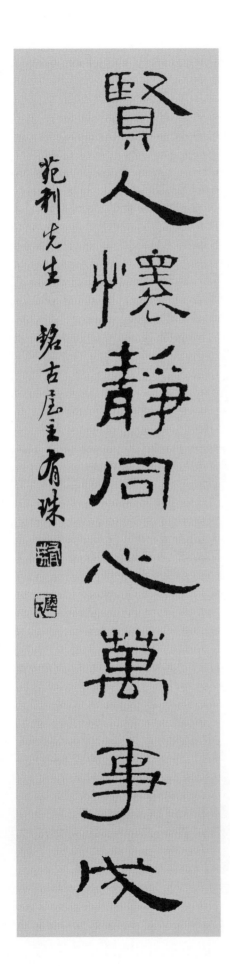

释文：

仁者意俭兴国百年计

贤人怀静同心万事成

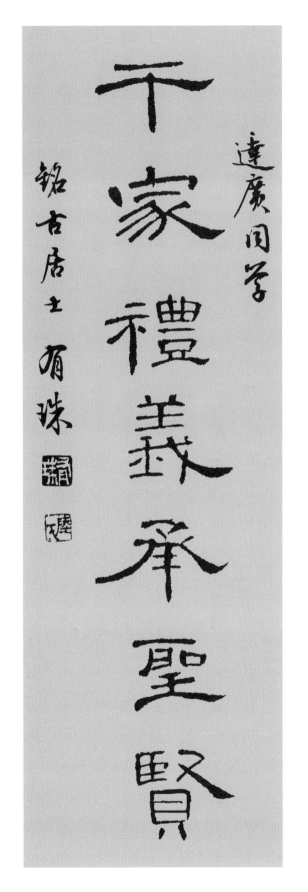

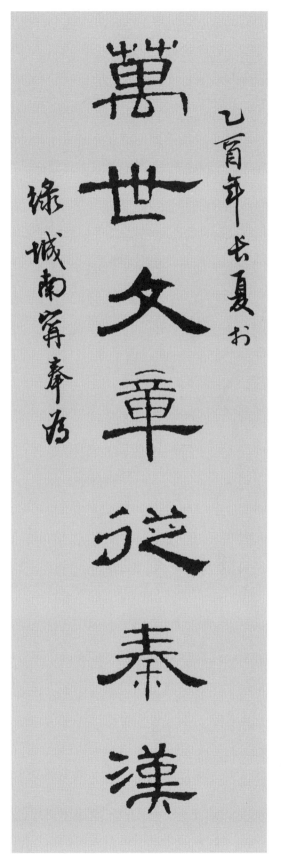

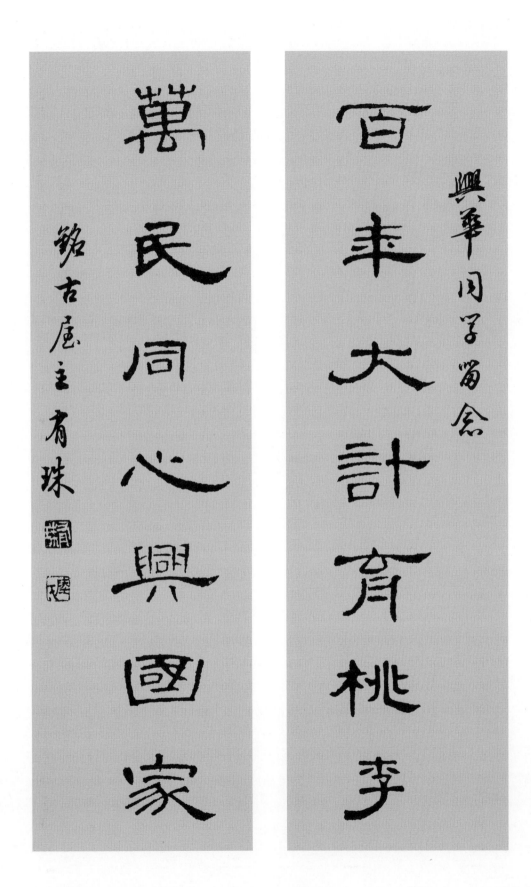

释文：百年大计育桃李　万民同心兴国家

对联的字数较多时，分行书写，由两边往中间读。

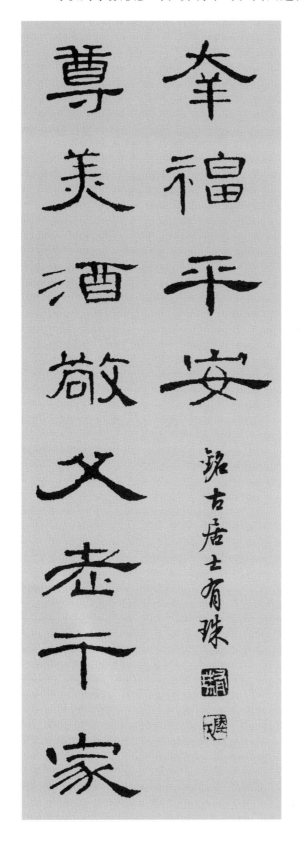

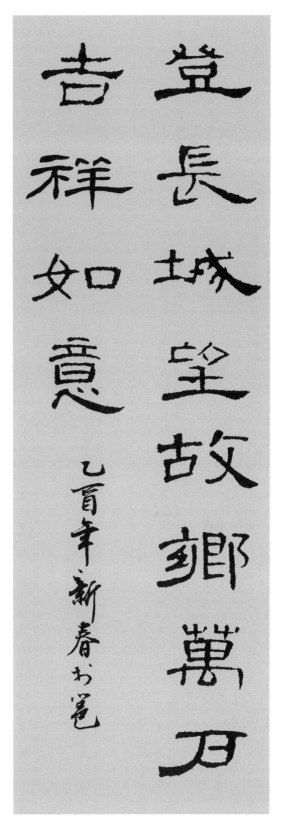

释文：登长城望故乡万户吉祥如意　尊美酒敬父老千家幸福平安

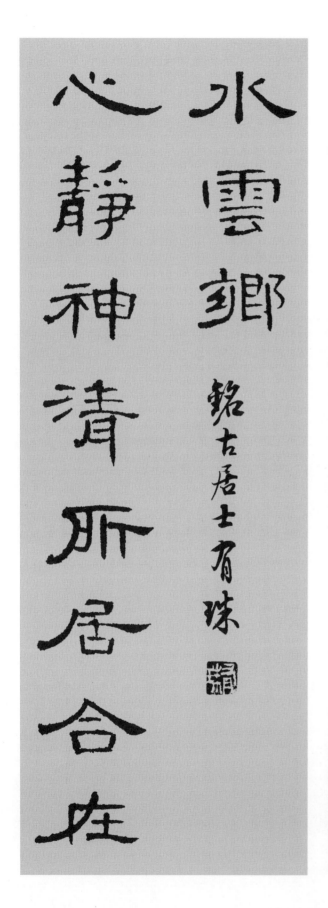

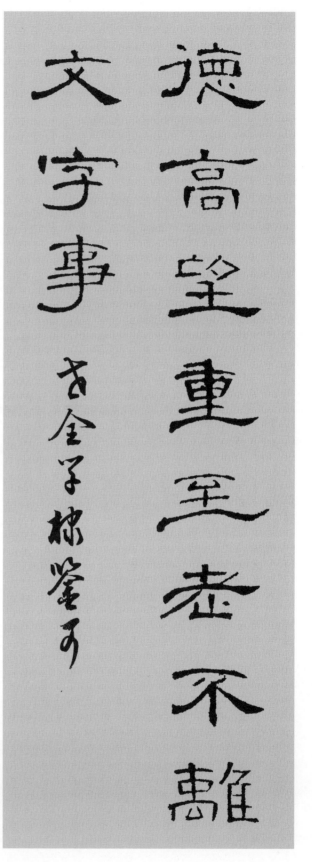

释文：德高望重至老不离文字事　心静神清所居合在水云乡

104

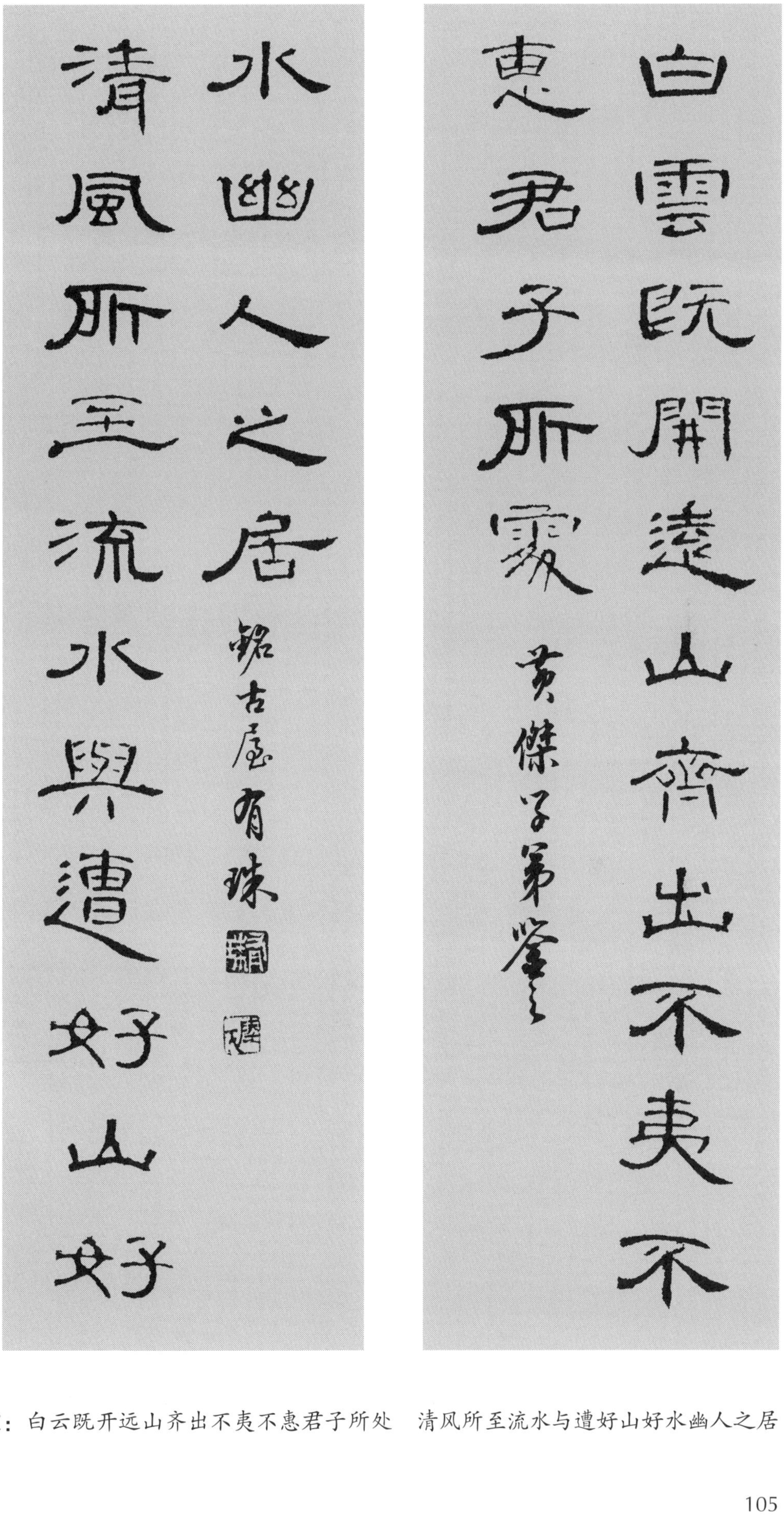

白雲既開遠山齊出不夷不惠君子所處 黃傑子第鑒

水幽人之居 鉹古屋有珠

清風所至流水與遭好山好

释文：白云既开远山齐出不夷不惠君子所处　清风所至流水与遭好山好水幽人之居

105

6. 扇面

扇面分折扇和团扇两种，折扇顺着外弧线书写，落款字稍长以收其气。

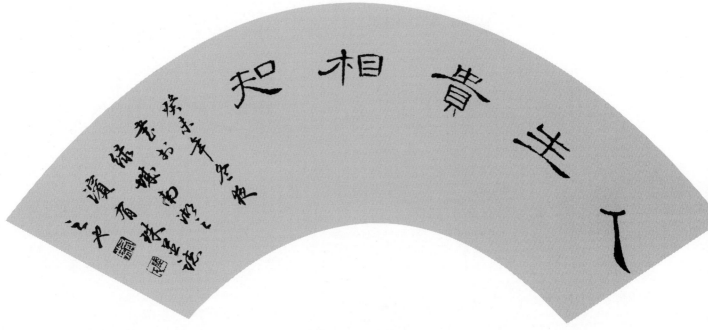

释文：人生贵相知

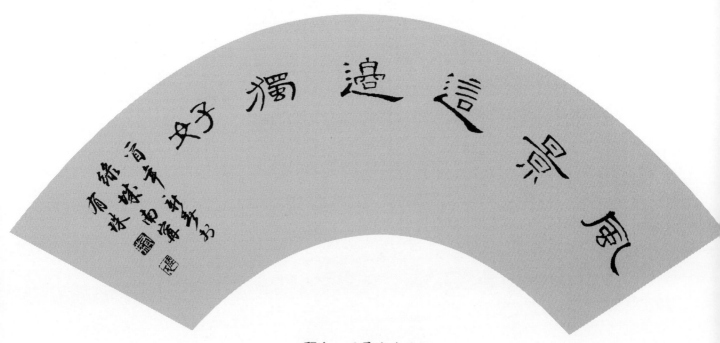

释文：风景这边独好

字数多的折扇分长短行安排。

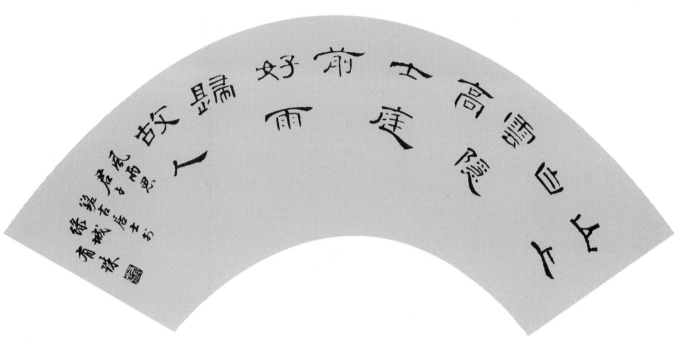

释文：山上白云隐高士　庭前好雨归故人

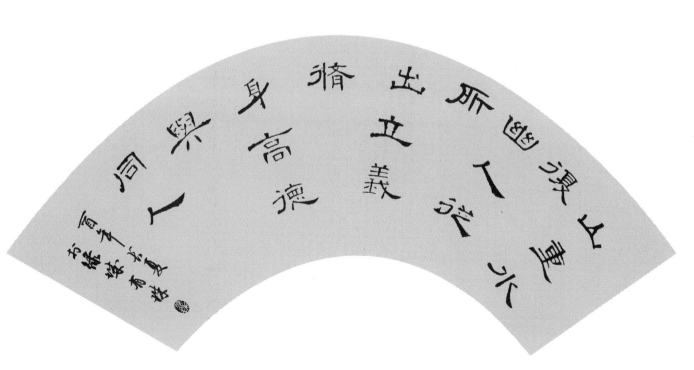

释文：山重水复幽人从所出　立义修身高德与同人

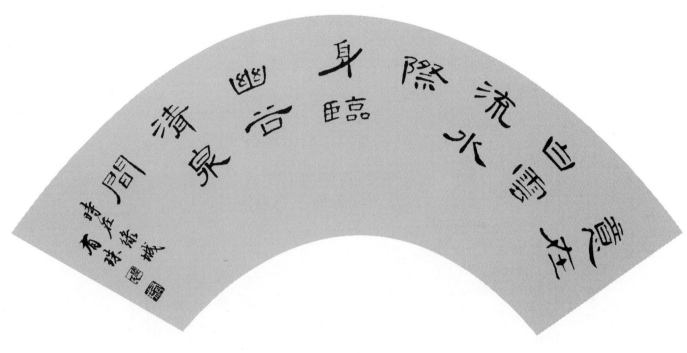

释文：意在白云流水际　身临幽谷清泉间

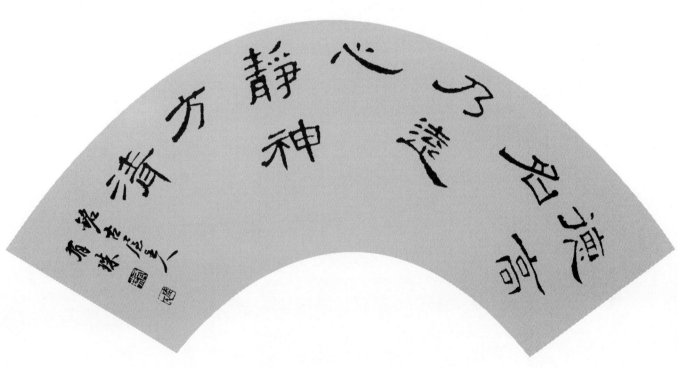

释文：德高名乃远　心静神方清

团扇，也叫圆扇，按圆形形式或椭圆形式书写。

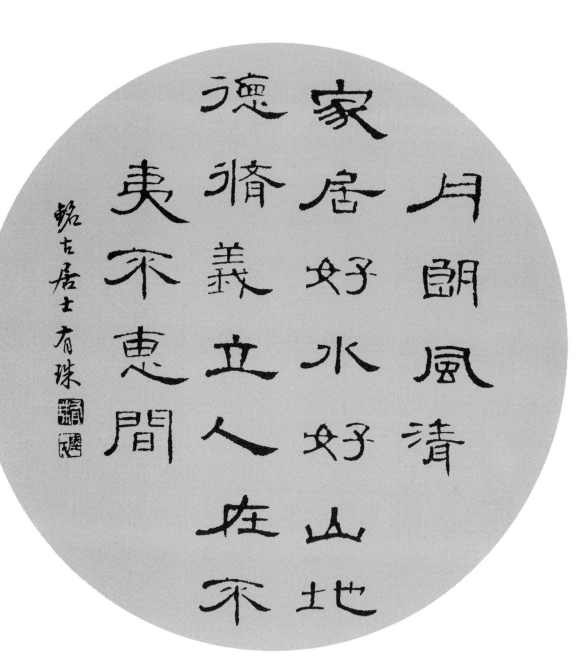

释文： 月朗风清家居好水好山地

德修义立人在不夷不惠间

7. 长卷

是书法作品中左右展开较长的一种格式，因其长度远远大于宽度，且长度太长无法悬挂，只能用手边展开边欣赏边卷合，故得名，也称"手卷"。其内容大多为一篇完整的文章或者一首（组）诗词。

夫君子之行，静以修身，俭以养德，非淡泊无以明志，非宁静无以致远。夫学须静也，才须学也，非学无以广才，非志无以成学。

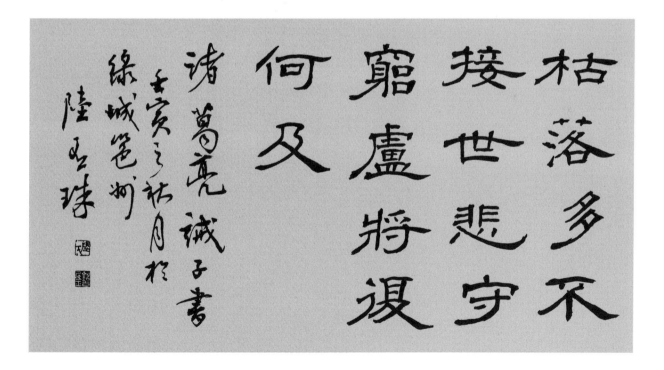

释文：夫君子之行　静以修身　俭以养德　非淡泊无以明志　非宁静无以致远　夫学须静也才须学也　非学无以广才　非志无以成学　淫慢则不能励精　险躁则不能治性　年与时驰　意与日去　遂成枯落　多不接世　悲守穷庐　将复何及

第 8 章

原帖欣赏

（字的顺序从右到左）

君谦全字景完
敦煌效穀人世
其光盖周之胄
武王东乾之樱
蕭伐段商阮宦
尔勲福禄祕同
封弟叔振鋅于

曹圖氏为秦
汉之际曹豸夬
辅王宅世宗廓
土斥竟子孙遷
才雛州之郊力
心右扶风勲在
安宅咏露武都

或居隴西不家
敦煌枝分葉布
所左為雄君高
祖父教舉孝廉
志威長史已郡
駒忍令張挍居
延都尉曹祖父

述孝廉謁者金
城長史夏陽令
蜀郡西部都尉
祖父鳳孝廉張
挍屬國都尉丞
右扶風陰槃陝
相金城西部都都

113

尉北地大守文
琇少貫名燃郡
不奉早世是以童
位不副德君童
斷好學甄極哭
緯無文不綜賢
孝之性根生哙

心收養季祖母
供事繼母先意
奉志孝亡之敬
禮無遺闕是以
鄉人為之謗曰
重親致歡體景
完易世載德采

隙且名及其從
政清擬夷齊宜
慕史魚歷郡右
職上計掾史仍
辟涼州常為治
中別駕紀細萬
里未縈不謀出

典諸郡彈枉糾
邪資暴洗心同
僑服德遠近憚
威建寧二來舉
奉廉陟郎中拜
西埵戍部司馬
時疏勒國王和

德栽父墓位不
供職貢君興陷
延討有宄擾之
仁小酹之東攻
城堅戰謀若通
泉盡平諸貴和
德面縛歸死還

陷振旅諸國禮
遺且二百餘悲
以薄官還右扶
風攝里令遺周
產弟憂塞官續
遷禁网潛隱家
卷七年光和六

民　同　幽　訳　拜　十　未
郭　時　冥　鯨　酒　三　莫
家　也　惠　張　宗　月　舉
等　動　豫　角　祿　陰　孝
退　而　府　起　郎　郎　廉
造　縣　楊　任　長　中　七

郡　感　聖　羽　不　觀　遂
陽　日　王　檄　安　民　飛
令　君　謀　仍　三　騎　燔
牧　枝　誄　至　郡　摸　燒
合　轉　羣　于　告　人　城
餘　拜　僚　條　急　裏　寺

爐荄夷殘進絶
其本根遂訪故
者廟畢儁文王
故王畢等恒民
之要李慰高年
撫育解寫以家
錢糴米粟賜舂

肓大女桃裴等
合七首藥神明
亭親至離亭部
文王軍程橫等
賦與有疾者咸
蒙瘳幌惠政之
流其矜置郵百

娃綬負及者如
雲散泊廬屋市
肆列陳風雨時
官歲穫豐年襄
夫織婦百之飯
思縣布以河平
元年遭白茅芒

水災害退於戍
天之間興造城
郭是後奮娃及
濟身之士官位
不登君乃問繒
紳之徒不濟開
宰寺門承望半

獄鄉明而治庶
使學者李儒棄
規程寅等各獲
人爵之眾廓廣
聽事官舍述書
廊閣升降捐讓
朝覲之階費不

出民役不下時
門下掾王敞錄
事掾王畢王尚薄
王庭刀曹掾秦
尚乃曹史王穎
苐嘉慕冀斯芳
甫之美乃共刊

120

石紀功其辭曰
懿明后德義章
貢王庭延覩方
㝡布烈安殊兆
還帥旅臨櫬里
盛孔懷赴塵紀
嗟進賦橎城市

特愛命理殘起
叏不互寧黔首
緒官寺開幸門
闢嵯峨望半山
鄉明沿惠沾渥
吏樂政民給足
君高升極鼎足

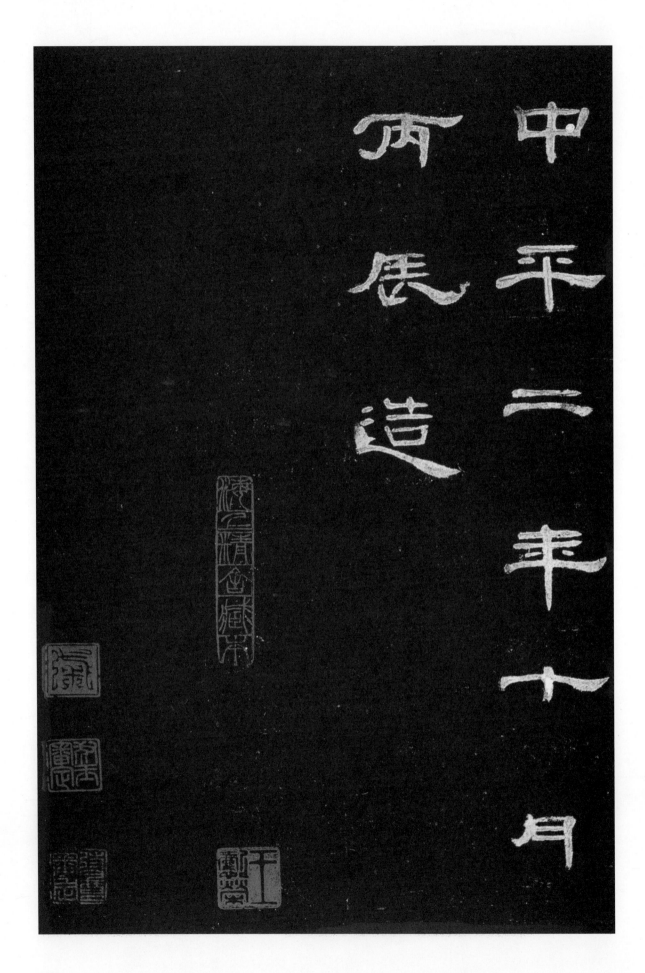

中平二年十月

丙辰造